MARCO POLO

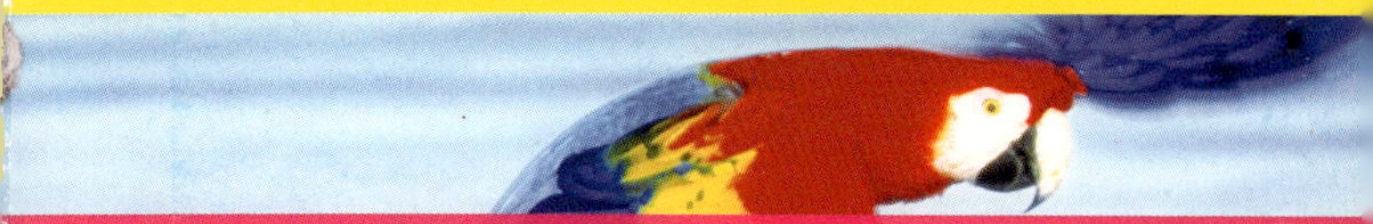

COSTA RICA

Reisen mit **Insider Tipps**

W0215187

Wunderbar ist die in Costa Rica auf das Schönste verwirklichte Multikulturalität – Menschen aus aller Welt haben sich hier niedergelassen und verwirklichen ihre Träume.

MARCO POLO Autorin
Birgit Müller-Wöbcke
(siehe S. 122)

Das passt:
Der MARCO POLO Sprachführer Spanisch

Weitere MARCO POLO Titel:
Mexiko, Yucatán, Karibik/Große Antillen, Karibik/Kleine Antillen, Venezuela

Spezielle News, Lesermeinungen und Angebote zu Costa Rica:
www.marcopolo.de/costarica

COSTA RICA

> SYMBOLE

Insider Tipp MARCO POLO INSIDER-TIPPS
Von unserer Autorin für Sie entdeckt

★ MARCO POLO HIGHLIGHTS
Alles, was Sie in Costa Rica kennen sollten

SCHÖNE AUSSICHT

WLAN-HOTSPOT

▶▶ HIER TRIFFT SICH DIE SZENE

> PREISKATEGORIEN

HOTELS
€€€ über 100 Euro
€€ 50–100 Euro
€ unter 50 Euro
Mittelwerte für ein DZ ohne Frühstück. Rechnen Sie in der Hochsaison (Okt.–März) mit Zu-, in der Regenzeit mit Abschlägen

RESTAURANTS
€€€ über 15 Euro
€€ 7–15 Euro
€ unter 7 Euro
Preise für ein für das jeweilige Lokal typisches Tellergericht ohne Getränke

> KARTEN

[108 A1] Seitenzahlen und Koordinaten für d Reiseatlas Costa R

[U A1] Koordinaten für di Karte San José im hinteren Umschla

[0] außerhalb des Kartenausschnitts

Zu Ihrer Orientierung sind auch die Orte mit Koordinaten versehen, die nicht im Reiseatlas eingetragen sind

> BLOSS NICHT!

Auch in Costa Rica gibt es Dinge, die man besser meidet

In Drogengeschäfte verwickeln lassen

An der Karibikküste sind die eindeutigen Angebote besonders häufig, aber die Polizei versteht auch bei „weichen" Drogen keinen Spaß. Denn lange galt Costa Rica als Umschlagplatz für den Drogenhandel zwischen Süd- und Nordamerika, und man ist bemüht, diesem Ruf die Grundlage zu entziehen. Also besser ein eindeutiges und bestimmtes *no, gracias*.

Falsche Kleidung tragen

Bei der Wahl ihrer Kleidung sind die Costa-Ricaner konservativ, auch wenn ein Teil der weiblichen Jugend einen anderen Eindruck macht. Knappe Oberteile und kurze Hosen trägt man nicht in der Öffentlichkeit.

Leichtsinnig sein

Verglichen mit anderen lateinamerikanischen Ländern ist Costa Rica nahezu ein Paradies. Der neoliberale Wirtschaftskurs hat aber eine Schicht besonders armer Leute nach sich gezogen, dazu gibt es rund 200 000 Flüchtlinge aus Nicaragua ohne Einkommen. Man hat am besten wenig dabei, wenn man in San José, Puntarenas oder Limón zu Fuß unterwegs ist, und trägt keinen Schmuck.

Unbedacht Souvenirs kaufen

Unter den vielen Souvenirs sind auch einige, die Tierschützern Sorgen bereiten: Taschen aus Krokodil- und Schlangenleder, Tierfelle, Schildpattarbeiten, Schildkrötenpanzer, seltene Muscheln sowie Korallen und daraus gefertigter Schmuck. Verboten ist die Einfuhr dieser Dinge in das Heimatland ohnehin.

Strömungen unterschätzen

Vorsicht beim Baden: An der gesamten Pazifikküste und am südlichen Atlantik gibt es gefährliche Strömungen, teilweise auch schon in knietiefem Wasser. Sie sollten daher nie am offenen Meer, sondern immer in Buchten baden und kleine Kinder niemals aus dem Auge verlieren. Strandwachen gibt es nur wenige, man richtet sich am besten nach den Einheimischen.

Nachts Auto fahren

Auf den Straßen sind Schlaglöcher keine Seltenheit. Da die Löcher recht tief sind, kann es auch gefährlich werden. Weil man die Löcher nachts schlechter sieht, bleibt das Auto dann am besten stehen.

Haifischflossen bestellen

Der Handel mit Haiflossen ist in Costa Rica verboten, jedoch an der Pazifikküste weit verbreitet. Taiwanesische Fischfirmen haben hier Fischkutter und private Docks, der Hauptteil des Fangs geht nach Asien. Ihrer Flossen beraubt, sinken Haie auf den Meeresgrund und ersticken langsam und qualvoll. Falls in Restaurants Haifischflossensuppe auf der Karte steht, sollte man deshalb unbedingt verzichten!

INHALT

> SZENE

S. 12–15: Trends, Entdeckungen, Hotspots! Was wann wo in Costa Rica los ist, verrät die MARCO POLO Szeneautor vor Ort

> 24 STUNDEN

S. 88/89: Action pur und einmalige Erlebnisse in 24 Stunden! MARCO POLO hat für Sie einen außergewöhnlichen Tag in Quepos zusammengestellt

> LOW BUDGET

Viel erleben für wenig Geld! Wo Sie zu kleinen Preisen etwas Besonderes genießen und tolle Schnäppchen machen können:

Eintritt frei im originellen Museum MUFES S. 36 | Playa Tamarindo: der Strand für alle, die aufs Geld schauen müssen S. 54 | Ob Mehrbett- oder DZ: Im The Tucan in Uvita kommen Sie günstig unter S. 71 | In Tortuguero für 1,50 US-$ alles über die Schildkröten erfahren S. 79

> GUT ZU WISSEN

Was war wann? S. 10 | Spezialitäten S. 26 | Rodeo costaricanisch S. 57 | Leguane S. 58 | Bücher & Filme S. 60 | Rinder zu Hamburgern S. 68 | Blogs & Podcasts S. 82 | www.marcopolo.de S. 96 | Was kostet wie viel? S. 97 | Paradies für Aussteiger S. 98 | Währungsrechner S. 99 | Wetter in San José S. 101

AUF DEM TITEL

Skywalk im Urwald S. 55
Feuerzauber am Volcán Arenal S. 51

ENTDECKEN SIE COSTA RICA!

Unsere Top 15 führen Sie an die traumhaftesten Orte und zu den spannendsten Sehenswürdigkeiten

Die Highlights sind in der Karte auf dem hinteren Umschlag eingetragen

1 Karneval in Limón
Wer im Oktober in Costa Rica ist, darf dieses Fest auf keinen Fall versäumen (Seite 23)

2 Guayabo
Die schönste der wenigen präkolumbischen Stätten des Landes, zudem am besten restauriert (Seite 36)

3 Irazú (Vulkan)
Vom Kraterrand sieht man gleichzeitig den Atlantik und den Pazifik (Seite 36)

4 Jardín Lankester
Der botanische Garten bei Cartago bezaubert mit seltenen Orchideen (Seite 37)

5 Valle Orosí (Orosítal)
Hier stimmt einfach alles: Landschaft, Natur, Bauwerke und Kultur (Seite 38)

6 Rain Forest Aerial Tramway
Mit der Seilbahn über und in den Urwald: Bequemer gehts nicht (Seite 41)

7 Museo Nacional
Die makellosen präkolumbischen Steinkugeln im Museum in San José sind fast ein Wunder (Seite 44)

8 Museo del Oro Precolombino
Costa Ricas größter Schatz wird in San José gehütet: Hier ist tatsächlich alles Gold, was glänzt (Seite 44)

> DIE BESTEN MARCO POLO HIGHLIGHTS

9 Teatro Nacional
In der Hauptstadt San José steht das schönste Gebäude des Landes mit einem fesselnden Deckengemälde (Seite 45)

10 Volcán Arenal
Feuer und Flamme: Nacht für Nacht bietet der Vulkan Arenal ein faszinierendes Schauspiel (Seite 51)

11 Playa Hermosa
Eine wunderbare Strandbucht – der Name hält, was er verspricht (Seite 53)

12 Santa Elena Cloud Forest Reserve
Inbegriff unberührter Natur in Monteverde: So sah es in Costa Rica einmal aus (Seite 54)

13 Parque Nacional Manuel Antonio
Der Nationalpark bei Quepos ist eine Einheit aus traumhaften weißen Stränden und subtropischer grüner Natur (Seite 70)

14 Tortuguero
Affen, Krokodile, Schildkröten – eine Bootstour durch Kanäle und Lagunen in dem faszinierenden Nationalpark an Costa Ricas Karibikküste (Seite 80)

15 Schildkrötenstrand
An den Stränden des Nationalparks Tortuguero findet zwischen Juli und Oktober die Eiablage der Schildkröten statt – ein faszinierendes nächtliches Spektakel (Seite 81)

WAS FÜR EIN LAND!

Karibikstrand bei Puerto Viejo de Talamanca

AUFTAKT

Costa Rica – das sind faszinierende Naturparks und dichte Urwälder, brodelnde Vulkane und eine atemraubende Vegetation. Besucher lernen auf Wanderungen sowie bei Seilbahnfahrten in 30 m Höhe das tropische Ökosystem kennen. Regenwälder, in denen Tukane und Papageien zu Hause sind, Meeresnationalparks, in denen Schildkröten, Delphine und Seekühe leben. Zum Baden locken die Strände am Pazifik wie an der Karibik, und gewohnt wird in Hotels und Lodges, die meist so einzigartig sind wie das kleine, herrliche Land an der Schnittstelle zwischen Süd- und Nordamerika.

> Costa Rica, das Land ohne Krieg und ohne Kälte, eine der ältesten Demokratien Amerikas, hat mit seinen Nachbarn nicht viel mehr gemeinsam als die geografische Lage: platziert zwischen dem krisengeschüttelten Nicaragua und dem wegen des Kanals bekannten Panama, im Zentrum der Landbrücke zwischen Nord- und Südamerika.

Amerikanische Nationalparks sind in der ganzen Welt berühmt, aber fast immer sind es in den USA gelegene, an die man denkt, wenn von phantastischen Naturschönheiten berichtet wird. Dabei liegt nur ein paar Flugstunden von Yosemite und Grand Canyon entfernt Costa Rica mit mehr als 30 seit Beginn der Siebzigerjahre als Schutzgebiete ausgewiesenen Regionen. Ein Modell, wohl einmalig auf der Welt: ein Land, das mehr als ein Viertel seiner Fläche unter Naturschutz stellte, als Nationalparks, Biosphärenreservate, aber auch als Indianerreservate und von der Unesco zum Welterbe erklärte Gebiete. Dampfende Regenwälder, nebelverhangene Hochtäler, ockergelbe Savannen, Mangrovensümpfe und Trockenwälder, Bergketten und Vulkane, unbegradigte Flüsse, vor der Küste Korallenriffe und grüne Inseln: Sie alle gehören zu den schützenswerten Schönheiten des Landes.

> Regenwälder, Mangrovensümpfe und Vulkane

Kein Wunder, dass Costa Rica zum Synonym für naturverträglichen Aktivurlaub avancierte, zum Pilgerziel für Ökologen und Biologen. Tatsächlich entspricht das Land in vielerlei Hinsicht der Idealvorstellung von einem tropischen Paradies. Dabei sah die Situation schon recht verfahren aus, waren doch bereits zwei Drittel des Regenwalds der Gier nach Geld zum Opfer gefallen, bis man

Nichts für zarte Näschen: Schwefelschwaden am Kratersee des Vulkans Poás

sich der Gefahr bewusst wurde und Schutzzonen und strengere Umweltschutzgesetze erließ. Der Naturschutz erfolgt jedoch nicht nur aus hehren Motiven: Das aus Kaffee- und Bananenexport erwirtschaftete Geld reicht allein nicht aus, um die Auslandsschulden zu bezahlen und den Staatshaushalt ausgeglichen zu halten. Umso dringlicher ist es, die wichtigste Ressource des Landes zu erhalten, den Regenwald wirtschaftlich nutzbar zu machen, ohne ihn zu zerstören: eine schwierige Aufgabe, die man in Costa Rica dadurch lösen will, dass man den Wald touristisch vermarktet.

Auf der Suche nach El Dorado, dem sagenhaften Hort des Goldes, erreichte Christoph Kolumbus 1502 die Atlantikküste des Landes und nannte es Costa Rica, die „reiche Küste". Statt des erhofften Goldes trafen die Spanier üppige Vegetation an, und gerade die ist – so erkannten die Costa-Ricaner – heute Gold wert: Der vor einigen Jahren angelaufene Touristenstrom bringt dem Land die so dringend benötigten Devisen und sorgt heute für ein gutes Zehntel der Arbeitsplätze. Aus den Fehlern anderer Länder hat man in Costa Rica gelernt: Klasse statt Masse heißt die Devise, statt auf Bettenburgen und Billigtourismus setzt man auf Qualität. Niveautourismus kostet die Besucher zwar ein paar Euro mehr, die sich aber für das Land und die Natur auszahlen. Nationalparks werden daher auch zeitweise geschlossen, wenn wegen des zu großen Andrangs Schaden an der Natur zu befürchten ist.

> Synonym für naturverträglichen Aktivurlaub

Ökotourismus heißt das Gebot der Stunde. Dazu gehören niedrige, sich der Landschaft anpassende Hotelbauten aus natürlichen Materialien und der Vorrang einheimischer Produkte vor importierten. Bislang gibt es nur in San José Hotelhochbauten, aber um so mehr *lodges, cabinas* und *cabañas,* Holzbauten inmitten der Natur, mit Solarenergie und eigener Trinkwasserversorgung. Auf eigens angelegten *senderos,* Wanderpfaden, durchstreifen die Gäste Naturparks und bekommen einen ersten Eindruck von der unglaublichen Vielfalt der tropischen Tier- und Pflanzenwelt. Zur Verdeutlichung soll einmal die ansonsten trockene Statistik herhalten: 900 Baumarten; 1200 Orchideen; 230 Säugetierarten, darunter Jaguare, Pumas, Nasenbären, Affen, Faultiere, Ameisen- und Waschbären; 860 Vo-

WAS WAR WANN?

Geschichtstabelle

Ab 500 v. Chr. Unter dem Einfluss süd- und nordamerikanischer Einwanderer bilden sich im Bereich des heutigen Costa Rica drei Völker aus: Huetares im Valle Central und an der Karibikküste, Chorotega im nördlichen Costa Rica und südlichen Nicaragua sowie Brunca am südlichen Pazifik und im nördlichen Panama

800–1400 n. Chr. Blütezeit von Guayabo, einer Huetares-Siedlung, mit Straßen, Brücken, Aquädukten und steinernen Wohnhäusern

1502 Christoph Kolumbus landet auf der Insel Uvita vor Limón und nennt das Land Costa Rica („Reiche Küste")

1563 Die Spanier gründen die Stadt Cartago, die bis 1823 Hauptstadt bleibt. Franziskaner und Dominikaner beginnen mit der Missionierung

1821 Unabhängigkeit von Spanien, Costa Rica wird Teil des mexikanischen Kaiserreichs

1848 Ausrufung der Republik

1899 Die US-amerikanische United Fruit Company übernimmt den Bananenhandel

1948 José María Figueres Ferrer wird Präsident, begründet ein System der sozialen Wohlfahrt und schafft ein Jahr später die Armee ab

1987 Präsident Óscar Arias Sánchez erhält den Friedensnobelpreis für seinen Einsatz im Nicaragua-Konflikt

2007 Die zweite Amtszeit von Óscar Arias Sánchez beginnt mit Demonstrationen gegen sein Freihandelsabkommen (CAFTA) mit den USA

2009 Arias Sánchez strebt ein Verbot von Erdölbohrungen in Costa Rica an

gelarten, darunter allein 50 Kolibri- und 15 Papageienarten; 40 000 Insektenarten, darunter 3000 verschiedene Schmetterlinge. Auf 0,01 Prozent der Erdoberfläche – etwa die Größe der Schweiz – finden sich fünf Prozent aller auf der Erde lebenden Tier- und Pflanzenarten.

Die Cordillera Volcánica zieht sich parallel zum Pazifik durch das Land, ein vulkanisches Gebirge mit 70 Vulkanen, davon fünf noch aktiv, deren bis über 3000 m hohe Gipfel eine Wetterscheide bilden: feuchtheiß und mit häufigen Regenfällen an der Karibikseite, im halbjährlichen Wechsel zwischen Trocken- und Regenzeit an der Pazifikküste. In den fruchtbaren Hochebenen der Kordilleren siedeln schon seit der Zeitenwende Menschen, und hier ließen sich auch die Spanier nieder, nachdem sie im 16. Jh. Costa Rica in Besitz genommen hatten.

Erst 200 Jahre nach der Eroberung schufen die Spanier das heutige Stadtzentrum von San José, spanisch geradlinig, dem heiligen Joseph geweiht. Ihre prächtigen Bauten sucht man jedoch heute oft vergebens – mehrere Erdbeben haben viele der spanischen Kirchen, barocken Paläste und Wohnhäuser bis auf die Grundmauern zerfallen lassen.

„Unsere Tempel und Paläste sind die Natur", heißt es in Costa Rica: Bauliche Sehenswürdigkeiten der präkolumbischen Bevölkerung gibt es nur wenige. Drei Indianervölker lebten vor Kolumbus' Ankunft im Gebiet des heutigen Costa Rica, im Schatten der nördlich siedelnden Maya. Statt Paläste, Tempel und Monumentalarchitektur ließen sie nur wenige kleine Siedlungen zurück, jedoch Keramiken, steinerne Geräte, Figuren und Schmuck. Berühmt sind die in allen Größen hinterlassenen, rätselhaften Steinkugeln der Brunca.

> Affen, Pumas, Jaguare, Faultiere und Waschbären

Karibische Lebensfreude dokumentieren die in leuchtenden Bonbonfarben türkis, gelb und rosa gestrichenen Holzhäuser an der Karibikküste, einige auf Stelzen, fast immer mit umlaufender Veranda. Die Besucher genießen Klima und Meer, Strand und Dschungel, die Lebensfreude und Leichtigkeit der Kariben. Viele kamen aus dem Ausland, um in Costa Rica zu leben: amerikanische Quäker, die Wälder rodeten, um Milch- und Landwirtschaft aufzubauen, Rentner, die einen höheren Lebensstandard genießen wollen als zu Hause, und umweltbewusste Siedler, die im Einklang mit der Natur leben und arbeiten möchten.

Zu den ungelösten Problemen gehört der hohe Bevölkerungszuwachs, der zu steigendem Druck auf die Siedlungsflächen führt und die Schaffung neuer Arbeitsplätze notwendig macht. Noch gilt, dass das kleine Land ein vorbildliches Modell ökologiefreundlichen Lebens verwirklicht hat. *Pura vida* heißt es in Costa Rica. „Entdecken Sie Costa Rica!“ heißt also nichts anderes als: Entdecken Sie das reine Leben!

„Ticos“ nennen sich die Costa-Ricaner mit leiser Selbstironie

TREND GUIDE COSTA RICA

Die heißesten Entdeckungen und Hotspots!
Unser Szene-Scout zeigt Ihnen, was angesagt ist

Edgar Neidhardt
lebt seit 1993 in Costa Rica. In Deutschland hat er seinen Marketing-Stressjob hinter sich gelassen und in San José das *Hotel Kekoldi* eröffnet. Seit Neuestem bietet er in seiner mittelamerikanischen Wahlheimat auch Adventuretouren und Urlaubspackages an und zeigt dabei seinen Gästen und Travellern aus aller Welt Costa Ricas Hotspots.

BEDENKENLOS SCHLAFEN

Im Einklang mit der Natur

Eco-Lodges sind keine kargen Hütten, sondern verbinden Naturschutz und Luxus: Versteckt unterm Blätterdach liegt die *Lapa Rios Rain Forest Wilderness Lodge (Lapa Rios, Puerto Jiménez, Playa Carbonera, Península de Osa, www.laparios.com)*. Bungalows aus geöltem Holz, rote Orchideen auf dem Nachttisch und eine Chill-out-Lounge unterm Bambusdach – alles ökologisch korrekt betrieben. In der *Laguna del Lagarto Lodge (Boca Tapada, www.lagarto-lodge-costa-rica.com)* lernen Gäste auf den Pfeffer-, Palmenherzen- und Ananasplantagen alles über tropischen Landbau. Schön spektakulär: eine Nacht im Baumhaus-Hotel. Im *Tree Houses Hotel (Santa Clara, San Carlos, www.treehouseshotelcostarica.com,* Foto*)* teilen Urlauber sich die Baumwipfel mit den Faultieren, und in der *Tree House Lodge (Punta Uva, Limón, www.costaricatreehouse.com)* am Puerto Viejo Beach baden, kochen und schlafen Pflanzenliebhaber im Baum.

SZENE

TRENDY TEXTIL

Draufgängerische Designer

Unerschrocken, kühn und kreativ: Die Jungdesigner schneidern nach ihren eigenen Regeln und bringen bunte, wild gemusterte Unikate auf den Markt. Das Motto von *Wasabi (www.myspace.com/mywasabi)* lautet: I Love Knitting. Die Designer haben nicht nur ein Faible für gestrickte Tops, sondern entwerfen auch Accessoires aus Wolle wie z. B. den Strick-Hot-Dog-Schlüsselanhänger. Modebewusste stehen auch auf die schrillbunten Textshirts von *Plivertees (www.plivertees.com)*. Carolina Castro aus San José steckt hinter *Agata Fashion (www.myspace.com/agatafashion)*: ein exzentrischer Muster- und Farbmix, angelehnt an den Style der Sixties. Im Concept Store *Inmaculada (Av. Central, San José, www.inmaculadacr.com*, Foto*)* finden Fashionliebhaber die angesagtesten Jungdesigner.

NERVENKITZEL EXTREM

Action für Erlebnishungrige

Am Strand liegen und den Schildkröten beim Eierlegen zusehen? Outdoorfans haben höhere Ziele: Stromschnellen umschiffen und Abseiling an Wasserfällen ist das Mindestmaß an Action. Ein wilder Ritt auf dem schäumenden Río Naranjo ist mit den Tour-Guides von *Rancho Los Tucanes (Manuel Antonio, Puntarenas, www.rancholostucanes.com)* möglich. Den Tanz auf dem Vulkan hat *Adventure Manuel Antonio (Manuel Antonio, Puntarenas, www.adventuremanuelantonio.com)* auf dem Programm: Der aktive Vulkan Arenal stößt Rauch aus und spuckt Lava. Mutige wagen die Erkundung des Lavastroms aus nächster Nähe. Mit Helm, Gurt und Bauchkribbeln klettern Sportfans mit *Adventure Costa Rica (Av. 5/C. 33–35, San José, www.adventurecostarica.com)* durch den El Tesorito Creek Canyon.

DIE KARIBIK ROCKT

Gitarrensolos im Dschungel

Punk, Metal, Reggae, Ska – die Musikszene rockt, und die Fans stehen Schlange, um Bands wie *El Parque (www.elparque.co.cr*, Foto*)* live spielen zu hören. Die drei Jungs heizen mit Drums, Gitarre und tiefem Männergesang ordentlich ein. Viele Bands wie die Alternative-Rocker von *Gandhi (www.grupogandhi.com)* wollen mit harten Beats auf soziale Probleme wie Armut und Drogen aufmerksam machen. Das kommt an. Kein Wunder also, dass die Konzerte im *Mosaikos (San Pedro, San José)* schnell ausverkauft sind.

EXOTIK-WELLNESS 2.0

Florales Spa-Update

Natürliche Pflege der besonderen Art: Die Regenwald-Schlammmaske im Spa des *Four Seasons Costa Rica at Peninsula Papagayo (Península Papagayo, Guanacaste, www.fourseasons.com*, Foto*)* ist reich an Mineralien und die Fußmassage mit Vulkansand der Geheimtipp gegen Hornhaut. Wer zu lang in der Sonne war, beruhigt die Haut mit dem Sun-Kissed-Special im *Harmony Hotel (Nosara, Guanacaste, www.harmonynosara.com)*. Eingerollt in Bananenblätter, kühlt die Maske aus Lavendel, Gurke und Aloe Vera gereizte Rückenpartien. Verspannte Muskeln lockern sich im heißen Ylang-Ylang-Milchbad des *Pacifica Spa* im *Hotel Parador Boutique Resort & Spa (Manuel Antonio, www.hotelparador.com)* fast von alleine.

POKERFACE

Spieler haben die besseren Karten

Caribbean Stud Poker heißt die neue Leidenschaft der Szenepeople. Die Variante, bei der ein Spieler offene und verdeckte Karten erhält, ist der Renner in den Kasinos. An den Tischen des Kasinos im *Gran Hotel Costa Rica (Av. Central/C. 1–3, San José, www.grandhotelcostarica.com)* erklären die Croupiers die speziellen Regeln. Die sind gar nicht so schwer, also nichts wie ran an die Tische! Auch im Kasino des *White House Costa Rica (San Antonio de Escazú, San José, www.whitehousecostarica.com)* hofft man auf Straight Flush, Full House und Co.

ORGANIC FOOD

Veggie ist schick

Gemüse-Junkies schlemmen Bioprodukte in stylishem Ambiente. Im *Picante Grill (schräg gegenüber vom Parque la Amistad, San José, http://picantegrillcr.com,* Foto*)* wird Fast Food wie Veggie-*burritos* und *quesadillas* mit Bioprodukten zubereitet. Surferfotos an den Wänden sorgen für lässiges Ambiente. Das Motto im *Café Organico (an der Hauptstraße zum Strand, Montezuma, http://organicocostarica.com)*: Eat vegan, be sexy! Avocados, Kokosnüsse und Mangos werden frisch von den Bäumen gepflückt, von der Vegan-Mayo bis zum Hummus-Falafel-Burger ist alles selbst gemacht. Hausgebackene Kuchen, Biokaffee und Wandmosaike von Rebeca Fernández gibts im *Coffee Shop Buena Tierra (Escazú, im Shopping Center Buena Tierra, http://buenatierraorganicmarket.blogspot.com)*.

STRAMME WADEN

Radeln auf dem Vulkan

Single-Trails, steile Downhills und Touren von einer Küste zur anderen – die Bikerszene entdeckt Costa Rica. Wer fit genug ist, meldet sich beim *Ruta de los Conquistadores Mountain Bike Race (http://larutadelosconquistadores.com)* an: Das viertägige Rennen über 360 km einmal quer durchs Land erfordert Topkondition. Der *Puro Mountainbike Shop (Sabana Sur, San José, www.puromtbshop.com)* in San José ist offizieller Ausrüster des Rennens und veranstaltet auch kleinere Wettkämpfe wie die *MTB Rainforest Challenge*. Egal ob Touren durch den Regenwald oder vorbei an einem aktiven Vulkan: Wer Bikeabenteuer sucht, findet sie bei *Bike Arenal (La Fortuna de San Carlos, www.bikearenal.com)*.

> VON EPIPHYTEN BIS UNITED FRUIT

In der „Bananenrepublik" ohne Militär haben nur die Tiere einen Panzer

BANANEN

Grün und Blau prägen das Bild der Landschaft: das Grün der Bananenstauden, das Blau der über die reifenden Früchte gehängten und mit Insektiziden getränkten Plastiktüten. Bananen sind heute ein bedeutender Wirtschaftsfaktor, Costa Rica gilt als der weltweit zweitgrößte Bananenexporteur. Anbau und Vermarktung begannen Ende des 19. Jhs. Neben Kaffee avancierten Bananen zum bedeutendsten Exportgut, und das Land wurde damit abhängig von US-amerikanischen Konzernen und Geldgebern.

BEVÖLKERUNG

80 Prozent der 4,5 Mio. *ticos* sind weiß – als Nachfahren der Spanier nehmen sie damit eine Sonderstellung unter den Bewohnern Lateinamerikas

Bild: Schildkrötenanlandung an der Playa Nosara

STICH WORTE

ein. Nur 15 Prozent der Bevölkerung sind Mestizen (zum Vergleich: in Mexiko 80 Prozent), also Nachkommen von Weißen und Indigenen. Die Nachfahren der indianischen Ureinwohner – rund 35 000 von ihnen leben in 35 kleinen Reservaten – gehören zur ärmsten Bevölkerungsgruppe. Da in Costa Ricas Verfassung das Recht auf politisches Asyl verankert ist, wurde das kleine Land zur Zuflucht vieler Tausend aus El Salvador und Nicaragua geflohener Menschen. Das Bevölkerungswachstum ist hoch, die Kinderzahl pro Familie liegt bei durchschnittlich fünf. Knapp 90 Prozent der Bevölkerung sind römisch-katholisch.

EPIPHYTEN

Sie prägen das Bild der tropischen Wälder: In den Astgabeln und auf den Stämmen anderer Bäume wachsen

Gastpflanzen, Zehntausende unterschiedliche Arten, Bromelien, Farne, Moose und Kakteen, die schönsten sind zweifellos die 1300 tropischen Orchideenarten. Ihre luftige Höhe sichert den Pflanzen das Überleben: Im Dach des Waldes ist es heller und weniger feucht.

GEOGRAFIE

Costa Rica ist mit 51 200 km² (das entspricht ungefähr der Größe der Schweiz) das drittkleinste Land auf dem amerikanischen Festland. Seine Topografie wird zum beträchtlichen Teil von Bergland bestimmt, das 70 erloschene und aktive Vulkane überragen. Diese Kordillerenkette zieht sich von Nordwesten nach Südosten quer durch das Land und wirkt als Wetterscheide. Der höchste Berg, der Chirripó, misst 3819 m. Ein großer Tieflandbereich zieht sich an der Atlantikküste entlang: ein tropisches, immerfeuchtes Gebiet von Sümpfen, Lagunen und Flüssen. Die Hauptstadt San José und ihre dicht besiedelte Umgebung liegen in der zentralen Hochebene am Fuß der Cordillera Central. Die Grenzen des Landes zwischen Atlantik- (200 km) und Pazifikküste (1200 km) bilden Nicaragua im Norden und Panama im Süden.

LANDWIRTSCHAFT

Da Bodenschätze rar sind, sind Bananen, Kaffee, Zucker, Ananas, Kakao, Palmöl und Rindfleisch bedeutsame Ausfuhrprodukte. Auch die Holzwirtschaft ist ein wichtiger ökonomischer Faktor. Costa Rica verkauft Edelhölzer in alle Welt, koppelt den Einschlag jedoch mit umfangreicher Wiederaufforstung.

MILITÄR

1948, in politisch unruhigen Zeiten, übernahm der Sozialdemokrat José

Frisch geerntete Kaffeefrüchte: Der Kaffeeanbau ist ein wichtiger Wirtschaftszweig

Farbtupfer im Regenwald: der Hellrote Ara

Figueres Ferrer für 18 Monate die Regierungsgeschäfte, begann mit wirksamen sozialen Reformen und legte ein Jahr später eine Verfassung vor, die die Abschaffung des Militärs enthielt. Eine Maßnahme, die sich für Costa Rica in vielfacher Weise bezahlt machte: Das gesparte Geld wurde für soziale Wohlfahrt und das Gesundheitswesen, für die Alphabetisierung der Bevölkerung und eine umfassende Reform des Bildungswesens eingesetzt. Heute steht Costa Rica mit diesen Errungenschaften in Lateinamerika einzigartig da, ohne dass es durch die fehlende Armee je einen Nachteil hatte.

REGENWALD

Höhen von 40 m und mehr sind keine Seltenheit unter den Tausenden von Baumarten im costa-ricanischen Regenwald. Tatsächlich beherbergt dieser Wald – der nur noch weniger als zehn Prozent der Erdoberfläche bedeckt – mehr als die Hälfte aller Tier- und Pflanzenarten weltweit. Das Leben im Dschungel spielt sich in stockwerkartigen Etagen ab – dunkel, heiß und extrem feucht am Boden; weitgehend unerforscht ist das Leben in den Baumkronen. Das stabilste, aber auch sensibelste Ökosystem der Erde, Millionen von Jahren alt, überstand Klimaschwankungen bis hin zur Eiszeit, ist heute jedoch durch den Menschen und die von ihm verursachten Umwelteinflüsse bedroht. Noch vor 50 Jahren bedeckten in Costa Rica der Regenwald (in den tropischen Tieflandregionen) und der Nebelwald (in Höhen ab 1000 m) über 70 Prozent des Landes.

SCHILDKRÖTEN

Die einen schätzen sie als Häppchen oder Suppe, die anderen als Schmuck: Trotz zahlreicher Artenschutzabkommen und gesetzlicher Bestimmungen werden Eier, Fleisch und Panzer der Schildkröten in den Tropen noch immer verwertet und exportiert. Einige Arten der Tiere, seit rund 100 Mio. Jahren auf der Welt, gehen heute ihrem Ende zu. In Costa Rica hat man sich ihrer angenommen, mehrere Forschungsstationen untersuchen, kennzeichnen, schützen sie und ziehen sie auch auf. An beiden Meeren des Landes schwimmen die Schildkröten zu Tausenden an den Strand, bei Hochwasser und Mondlicht, kriechen mühsam hinauf und graben 50 cm tiefe Löcher für ihre Eier. Einige der

Tiere sind mehrere Hundert Kilo schwer, und entsprechend langsam gestaltet sich die nächtliche Prozedur, bei der Touristen – mit einigen Vorsichtsmaßnahmen, d. h. ohne Licht und Geräusche – zuschauen können. Die Eier werden in sechs bis acht Wochen von der Sonne ausgebrütet – falls sie niemand vorher ausgräbt –, und dann wühlen sich bis zu 100 kleine Schildkröten durch die Sandschicht nach oben und streben sofort dem Wasser zu. Viele erreichen ihr Ziel nicht und werden vorher zur Beute von Menschen, Vögeln und Fischen.

STEINKUGELN

Hunderte hat man bisher entdeckt, und viele werden vermutlich noch gefunden werden: künstliche Steinkugeln, aus Granit und Lava, zwischen 10 cm und 2 m groß, perfekt gerundet und bis zu kolossalen 16 t schwer. Sie liegen in Costa Ricas Süden im Dschungel und in Flussmündungen, in Tälern und auf Bergen. Die Kugeln wurden vermutlich von den Brunca, einem präkolumbischen Volk, hergestellt und symbolisierten möglicherweise die Gestirne, deren Anordnung man mit ihnen „nachstellen" konnte. Viele wurden von den Spaniern zerstört, weil sie in deren Mitte Gold vermuteten. Die auch *indian balls* genannten Kugeln zieren heute Museen, Parks und öffentliche Gebäude, zwei sieht man im Vorgarten des Paseo Colón 2044 in San José.

TICOS & TICAS

Die spanische Verkleinerungsform, das „ito" oder „ita", ist ein Zeichen von Freundlichkeit. Aus *momento* wird so *momentito,* „Momentchen".

Die Costa-Ricaner verwenden als Diminutiv „ico“, sagen also *momentico,* und besonders gern verdoppeln sie die Verkleinerungsform, machen aus *hermano* (Bruder) *hermanitico* (kleines Brüderchen). Wegen dieser Angewohnheit nennen die übrigen Lateinamerikaner sie *ticos,* und das haben sie gern angenommen.

UNITED FRUIT COMPANY

In seinem Roman „Hundert Jahre Einsamkeit“ beschreibt Gabriel García Márquez die Machenschaften der United Fruit Company in einer fiktiven lateinamerikanischen Stadt, die durchaus in Costa Rica liegen könnte. Für das 1899 gegründete Unternehmen waren Bananen der Schlüssel zum Geld, die transferierten Gewinne in manchen Jahren höher als der Staatshaushalt. Riesige Landstriche gehörten der UFCO in Costa Rica, den Hafen Golfito baute sie für ihren Bananenexport. Die Bananenfirma breitete ihre Macht nach Nicaragua, Guatemala und Honduras aus, mischte sich in die Politik ein, stürzte Präsidenten und trug so zum Begriff der „Bananenrepublik“ bei. Nachdem ihr Ruf gänzlich lädiert war, löste sich die Firma auf, und es entstand die Nachfolgerin Del Monte.

VULKANE

Keine Angst, Vulkanausbrüche sind in Costa Rica selten und meist vorhersehbar. Auch in anderer Hinsicht entsprechen sie nicht immer dem verbreiteten Image. So zeigen durchaus nicht alle Vulkane des Landes die klassische Zuckerhutform, viele tarnen sich als gewöhnliche Berge. Und Vulkanasche bescherte dem Land seine fruchtbaren Böden.

Der Anblick des Vulkans Arenal bei Nacht ist ein unvergessliches Schauspiel

WIRTSCHAFT

In den letzten Jahren erlebte Costa Rica einen starken wirtschaftlichen Aufschwung mit sinkender Arbeitslosenzahl. Der Export von Bananen und Kaffee sank zwar, jedoch nahmen Industrie (z. B. Computerchips), Tourismus und Dienstleistungen zu. Allerdings gehen 40 Prozent der Exporte in die USA, und die Mehrheit der Touristen kommt ebenfalls von dort. Diese starke Abhängigkeit von nur einem Wirtschaftspartner bereitet vielen Politikern im Land beträchtliche Sorge.

EIN HIGHLIGHT IST DER KARNEVAL

Pilgern Sie zur Jungfrau von den Engeln – oder feiern Sie das Fest der Teufelchen

OFFIZIELLE FEIERTAGE

1. Jan. Neujahr *(Año Nuevo)*; **19. März** St. Joseph *(Día de San José)*; **Gründonnerstag/Karfreitag** *(Jueves y Viernes Santo)*; **11. April** Juan-Santamaría-Tag (Gedenktag der Schlacht von Rivas 1856); **1. Mai** Tag der Arbeit *(Día del Trabajo)*; **29. Juni** Peter und Paul *(San Pedro y Pablo)*; **25. Juli** Guanacaste-Tag *(Anexión de Guanacaste)*; **2. Aug.** Tag der Schutzheiligen Costa Ricas, der Jungfrau von den Engeln *(Virgen de los Ángeles)*; **15. Aug.** Mariä Himmelfahrt und Muttertag *(Día de la Madre)*; **15. Sept.** Unabhängigkeitstag *(Día de la Independencia)*; **12. Okt.** Kolumbustag *(Día de la Raza)*; **2. Nov.** Allerseelen *(Día de los Muertos)*; **8. Dez.** Mariä Empfängnis *(Concepción Inmaculada)*; **25. Dez.** Weihnachten *(Navidad)*

FESTIVALS & VERANSTALTUNGEN

2. Februar

Den *Día de la Candelaria* (Mariä Lichtmess) begeht man besonders aufwendig in Paraíso bei Cartago; zu Ehren der Jungfrau gibt es Theater, Konzerte, Musik und Tanz.

Februar

Im Februar feiert man in zahlreichen Ortschaften die *Fiesta de los Diablitos*, Insid Tip das Fest der Teufelchen, bei dem die Einheimischen bei Flöten- und Trommelmusik Tänze mit Masken aus Balsaholz aufführen, mit denen die Kämpfe zwischen Indigenen und den Spaniern symbolisiert werden. Die Spanier werden durch Stiere dargestellt, die Einheimischen durch *diablitos* (Teufelchen).

Karneval

Am Karnevalsdienstag und Aschermittwoch steigt in Liberia ein gewaltiges *Volksfest* mit Reiterumzügen, Viehmarkt und Tanz; Höhepunkt sind die Stierkämpfe, bei denen Mutproben rund um den Stier gezeigt werden.

Aktuelle Events weltweit auf www.marcopolo.de/events

> EVENTS FESTE & MEHR

Mitte April
Beim *Festival Internacional de las Artes* in geraden Jahren gibt es Musikaufführungen und Theaterstücke, Ballett und Tänze in ganz San José und einen Kunsthandwerksmarkt auf der Plaza de la Cultura. *www.festivaldelasartescostarica.com*

Ostern
Seit der Kolonialzeit ist *Ostern* das bedeutendste Fest, das mit landesweiten Umzügen und Prozessionen begangen wird. Wer es sich erlauben kann, legt während der *Semana Santa*, der Osterwoche, einen Kurzurlaub ein.

Mitte Juli
Die *Fiesta de la Virgen del Mar*, die feierliche Prozession zu Ehren der Jungfrau des Meeres, findet in Puntarenas auf dem Wasser statt. Beteiligt ist praktisch alles, vom Ruderboot bis zur Motoryacht. Alle sind festlich geschmückt und beleuchtet, und die Wasserparade zieht sich einmal um die Halbinsel im Golf von Nicoya.

2. August
Am *Tag der Schutzpatronin* ziehen Pilgerscharen zur Basilika von Cartago, wo 1635 Nuestra Señora de los Ángeles, die Jungfrau von den Engeln, erschien und zur Schutzheiligen des Landes wurde.

Oktober
Wochen vor dem eigentlichen Termin um den 12. Okt. hört man bereits die für den großen Umzug probenden Steelbands. Während der Festwoche des ★ *Karnevals in Limón* ist dann an Schlaf kaum zu denken, ununterbrochen bewegen sich die Limonenses und sambabegeisterte Besucher durch die Straßen.

20. Dezember–2. Januar
Zwischen Weihnachten und Neujahr feiert man im gesamten Land das ★ *Fin del Año,* das Ende des Jahres mit Pferdeparaden *(topes)*, Stierkämpfen *(corridas)* und festlichen Umzügen, besonders aufwendig in der Innenstadt von San José.

> MEXIKANISCH GEPRÄGT, KARIBISCH GEWÜRZT

Bei den bunten Früchtepyramiden der zahlreichen Essstände auf Märkten und in Markthallen isst auch das Auge mit

> Die costa-ricanische Küche ist nicht besonders reich an Variationen und Raffinesse, eher einfach und schmackhaft-kräftig. Seit Jahrhunderten spielen Bohnen – ein Eiweißlieferant, der bereits das Frühstück ergänzen kann – und Maisgerichte die Hauptrolle.

Ein weiteres Grundnahrungsmittel ist Reis, für den man viele Hundert Zubereitungsarten kennt. Reis und schwarze Bohnen sind auch die Basiszutaten für das costa-ricanische Nationalgericht *casado.* Das bedeutet eigentlich „verheiratet" – und warum heißt nun dieses populäre Tagesmenü ausgerechnet *casado?* Es ist das, was den *tico* angeblich täglich – und für den Rest seines Lebens – erwartet, wenn er eine *tica* heiratet: Reis und gebratene schwarze Bohnen, Zwiebeln, oft mit Rührei oder auch Sauerrahm. Dazu gibt es gebratene Kochbananen, gebratenes oder gekochtes Fleisch und Salat.

> www.marcopolo.de/costarica

ESSEN & TRINKEN

Traditionell wird bereits am Morgen *gallo pinto* serviert, das zweite Nationalgericht, wiederum eine Mischung aus Reis und schwarzen (oder roten), in der Pfanne gebratenen Bohnen, dazu wahlweise Zwiebeln, Sauerrahm, dünne Maismehlfladen *(tortillas),* Käse oder Rührei. Auch kann das Gericht ergänzt werden durch Schinken, Huhn oder Speck.

Mittags und abends schätzen die Costa-Ricaner – neben Reis und Bohnen – Hühner- oder Rindfleisch; Eier und Fisch ergänzen den Speiseplan. Schmackhaft sind die diversen Gemüsegerichte und -beilagen. Neben Karotten, Paprika, Kartoffeln, Kürbis und Zwiebeln werden häufig auch exotisch anmutende Gemüsesorten wie Yucca und Maniokwurzeln serviert. Vorsicht ist angezeigt bei den so harmlos aussehenden *picadillos,* in Chilischoten und Essigwasser eingelegten Kartoffeln, Karotten, Zwiebeln und Paprika von mitunter enormer Schärfe.

Für Europäer fremdartig ist vor allem die kreolische Küche, in der Kokosnuss und Gewürze die Hauptrolle spielen. Einer der beliebtesten Eintöpfe heißt *rundown* (auch: *rondon),* in Kokosmilch gekochtes Fleisch und Gemüse. Das Meer bildet einen der größten Reichtümer des Landes und versorgt die Costa-Ricaner mit Fisch und Meeresfrüchten. Aus Mexiko kommt *ceviche,* eine beliebte Vorspeise aus rohem, in Zitronensaft mariniertem Fisch, gewürzt mit Koriander, Limonen und Zwiebeln. Auf

> SPEZIALITÄTEN

Genießen Sie die typisch costa-ricanische Küche!

arreglado – kleines Sandwich mit Fleisch, Käse oder Huhn
arroz con carne/pollo/pescado – Reis mit Fleisch/Huhn/Fisch
cajeta – Dessert aus Kokos, Zucker, Vanille und Milch
carne asada – dünne, gebratene Rindfleischscheiben
chicharrones – knusprig gebackene Stückchen von Schweineschwarte
chorreado – Maispfannkuchen mit Sauerrahm

empanada – gerollter Maispfannkuchen mit Bohnen, Käse, Fleisch, Kartoffeln
enchilada – Teigtasche mit Käse, Kartoffeln, Fleisch
frijoles molidos – Püree aus Bohnen mit Zwiebeln und Paprika
frijoles refritos – Brei aus gebratenen roten oder schwarzen Bohnen
gallo – Tortilla mit Bohnen, Käse, Fleisch, Tomaten, Bratkartoffeln
guacamole – pürierte Avocados, gewürzt mit Zitronensaft und Tomaten
olla de carne – Eintopf mit Fleisch, Huhn, Kartoffeln, Gemüse, Mais, Yucca, Kochbanane
pan bon – dunkles Früchtegewürzbrot
patacones – dünne, frittierte Kochbananenscheiben
patí – Teigtaschen mit Hackfleisch, Huhn, Fisch oder Kochbanane
pionono – Püreerolle aus Kochbanane und schwarzen Bohnen
plátanos fritos – gebratene Kochbananen (Foto)
pollo asado – scharf gewürztes Brathähnchen
quesadillas – Getreidemehltortilla mit Käse
sopa negra – schwarze Bohnensuppe mit Gemüse und Ei
taco – frittierte Tortilla mit Fisch-, Fleisch- oder Gemüsefüllung
tamal – in Bananen- oder Maisblättern gedämpfter Maisfladen, gefüllt mit Fleisch und Paprika
tostada – gebackene Tortilla mit Füllung

Meeresfrüchte spezialisierte Restaurants nennen sich *marisquería.*

Als Nachtisch gibt es Käse aus Monteverde (z. B. Monte Rico) oder eine der vielen Süßigkeiten wie *granizado con fruta,* Eiscreme und Früchte auf zerstoßenem Eis.

In Costa Rica schätzt man ein gutes Bier, und die im Land gebrauten Sorten Bavaria, Pilsen und Imperial brauchen den Vergleich mit europäischem Bier nicht zu scheuen. Wein ist teuer und meist importiert. Äußerst beliebt sind Fruchtmixgetränke *(frescos),* etwa pürierte Mangos oder Bananen, die mit Milch oder Wasser aufgefüllt sind, während in den Hotels und Touristenrestaurants auch reine Fruchtsäfte serviert werden. Am Straßenrand verkauft werden grüne Kokosnüsse *(pipas),* mit einer Machete geöffnet und mit dem Strohhalm ausgeschlürft – ein idealer Durstlöscher, darüber hinaus heilsam bei Magen-Darm-Problemen.

Costa-ricanischer Kaffee wird in alle Welt exportiert und von den Einheimischen den ganzen Tag über gern getrunken. Beliebt als Sundowner sind die köstlichen Mixgetränke, zum Beispiel *piña colada* (Ananassaft, Kokosmilch, Rum), *daiquirí* (Zitronensaft, Rum, zerstoßenes Eis), *margarita* (Zitronensaft, Cointreau, Tequila), *Cuba libre* (weißer Rum, Zitronensaft, Cola).

In San José findet man Restaurants jeder Couleur. Im mittleren Preisbereich herrschen US-angepasste Häuser vor, die „bessere" einheimische Gesellschaft bevorzugt europäische Restaurants. Telefonnummern sind in diesem Band nur bei solchen Lokalen angegeben, wo eine Reservierung vorteilhaft ist. Auf dem Land überwiegen einfachere Lokale *(sodas)* mit einheimischer Küche. Zu den ausgewiesenen Preisen kommen 15 Prozent Steuern und zehn bis 20 Prozent Service hinzu; wo der Bedienungszuschlag nicht pauschal dazuaddiert wird, wird ein entsprechendes Trinkgeld erwartet.

Jeder größere Ort hat seinen Zentralmarkt mit zahlreichen Essständen. Man sitzt auf Holzhockern vor dem Tresen und bekommt vom Frühstück bis zum Abendessen alles serviert. Dazu gibt es Kaffee sowie Obst- und Gemüsesäfte. Und auf den Straßen findet man an vielen Ecken einen Imbissstand, dessen Angebot jedoch oft nichts für den empfindlichen Magen ist. Mit *bar* schließlich kann fast alles gemeint sein: Kneipe, Esslokal, Café, Gemischtwarenladen oder all das zusammen.

Umweltverträgliche Verpackung: Den Saft der *pipas* schlürft man direkt aus der Nuss

SOUVENIRS IM ETHNOLOOK

Mitbringsel aus Edelholz können Sie beruhigt kaufen, wenn der Rohstoff von Plantagen stammt

> Aus poliertem Kokosnussholz gefertigte Schalen, an langen Bändern aufgefädelte Muschelketten, die als luftige Vorhänge fungieren, rustikale Keramiken in sanften Erdfarben: In Costa Rica kauft man für wenig Geld individuell hergestellte Artikel. Die Herstellung von *artesanías,* Kunstgewerbe, hat Tradition: Die mittelamerikanischen Völker waren bereits zu Kolumbus' Zeiten bekannt für ihre feinen Goldschmuckarbeiten, Keramiken und Webereien.

KUNSTHANDWERK & TEXTILIEN

Liebhaber finden auch farbenfroh bestickte und mitunter handgewebte Kleider, Jacken, Blusen und Hosen, die auf Märkten angeboten werden. Einige der Artikel stammen aus Guatemala und Mexiko oder sind in ihrer Gestaltung inspiriert von der in Panama verbreiteten *Molas*-Stickerei. Was für die Textilien gilt, trifft auch auf viele andere Kunsthandwerksartikel zu: Diese werden meist in anderen lateinamerikanischen Ländern hergestellt und nach Costa Rica importiert. Besucher kann das nur freuen, da man so die große Vielfalt des Kunstschaffens an einem Ort erleben kann. In Sarchí und Umgebung sind besonders viele Kunsthandwerker ansässig; hier blüht das Geschäft mit den bunten *carretas*, den traditionellen Ochsenkarren, einem farbenfrohen Symbol für Costa Rica. Die Wagen werden in allen Größen hergestellt, dienen als Dekorationsobjekt in Haus und Garten. Weniger auffällig sind die vielen Schaukelstühle aus Leder und Holz, zusammenklappbar und deshalb auch leicht zu transportieren.

MÄRKTE & GESCHÄFTE

Zahlreiche Einkaufsmöglichkeiten bieten sich in der Hauptstadt an, sie sind freilich teurer als in den übrigen Landesteilen oder direkt beim Erzeuger, aber meist von guter Qualität. Und natürlich ist die Auswahl hier größer. Spezialgeschäfte gibt es zuhauf, man kauft aber auch an der Straße, wo fliegende Händler ihre Waren ausstellen, und auf Märkten. Jedes Dorf

> EINKAUFEN

hat seinen *mercado central,* Fundgrube für einfach alles, von Heilkräutern und Tinkturen über Schuhe bis zu Teppichen und handgeschnitzten Kämmen. Kommunikationszentren in ländlichen Gebieten sind die ungezählten *pulperías,* Krämerläden, die Gewürze und Zigaretten, Haarshampoo und Trockenmilch verkaufen.

ÖKOSHOPS

Eine Fundgrube für Mitbringsel sind die ökologisch orientierten Shops in den Nationalparks bzw. in deren Umgebung. Hier kauft man von Hand hergestellte Seifen aus Limonenöl oder mit Mangoduft, exotische Wellnessöle, Briefpapier aus Bananenblättern, mit Schildkröten bedruckte T-Shirts für Kinder, Kaffee aus heimischer Produktion und vieles mehr. Unter den vielen nach Costa Rica eingewanderten Menschen sind auch zahlreiche Künstler und Kunsthandwerker, die eigene Produktionslinien schufen. Beliebt ist die Herstellung von Schmuck sowie, bedingt durch den großen Reichtum an Tropenhölzern, aufwendig gefertigten Holzobjekten wie beispielsweise Kämmen, Schmuckschatullen, Tellern und Schalen.

WAS SIE NICHT KAUFEN SOLLTEN

Ein grauer Markt existiert nicht nur für Schildpatt und daraus hergestellte Produkte, sondern auch für die nach dem Washingtoner Artenschutzabkommen geschützten Seeschnecken und Muscheln. Wie beim Kauf von Schildpattkämmen setzt auch durch den Erwerb von Riesenmuscheln eine folgenschwere Entwicklung ein: Statt Strandgut zu sammeln, werden bei starker Nachfrage die Tiere eigens für Touristen gefangen und getötet. Solche „Souvenirs" sollten Sie ebenso wenig kaufen wie alles, was aus Schildpatt oder der Haut von Leguanen hergestellt wurde. Und beim Kauf von Waren aus Edelholz sollte man sicherstellen, dass es sich um Plantagenholz handelt, um dem Raubbau am tropischen Regenwald nicht Vorschub zu leisten.

LEBHAFTE HAUPTSTADT UND TROPISCHE WILDNIS

Koloniales Flair in den vier großen Städten, Dschungel und Vulkane in den Nationalparks

> Die Schatzkammer des Landes: Meseta Central (oder Valle Central) nennt man die zentrale Hochebene in der Mitte des Landes, zwischen 1000 und 1700 m hoch gelegen und begrenzt von drei Gebirgszügen, umgeben von Bergen und Vulkanen.

Auf den fruchtbaren Böden wachsen Kaffeesträucher, die der Hochebene Reichtum und Wohlstand brachten. Hier liegen neben San José, der modernen Hauptstadt, viele altspanische Städte mit dem Charme der Vergangenheit, und in San José findet man einige der besten Museen Zentralamerikas. In einer Stunde erreicht man die dunklen Strände am Pazifik. Angenehme Temperaturen, im Jahresdurchschnitt um 22 Grad, eine verlässliche Trockenzeit und das gute öffentliche Verkehrssystem sowie eine große Auswahl an Hotels und Restaurants steigern für Touristen die Attraktivität der reizvollen Landschaft, deren Vulkane und Naturre-

Bild: Landschaft südlich des Vulkans Irazú in der Provinz Cartago

ZENTRALE HOCHEBENE

servate von San José aus bequem zu erreichen sind. Mehr als die Hälfte der Costa-Ricaner lebt hier, und dennoch: Kaffeeplantagen, so weit das Auge reicht.

ALAJUELA

[113 F2] **Die Höhenlage (950 m) sorgt in der Hauptstadt der gleichnamigen Provinz für ein ganzjährig frühlingshaftes Klima, das nicht nur die 190 000 Ew. genießen, sondern auch Besucher aus der übrigen Hochebene.** Alajuelas beschauliche Atmosphäre und seine verkehrstechnisch günstige Lage beim internationalen Flughafen schätzen zunehmend auch Touristen. Aus der 1782 von Spaniern nahe der Siedlung La Lajuela errichteten kleinen Kirche erwuchs die zweitgrößte Stadt des Landes, Geburtsort des Nationalhelden Juan Santamaría, dem man im gleichnamigen Park südlich des Zentralparks ein großzügiges Bronzedenkmal setzte.

SEHENSWERTES

INNENSTADT

Zentrum der Stadt ist der von hohen, dichten Mangobäumen sowie einigen

Tierisch bunt geht es im Schmetterlingsgarten Finca de Mariposas zu

imposanten Palmen beschattete *Parque Central,* von dem aus die meisten ihrer Sehenswürdigkeiten zu Fuß zu erreichen sind. An der Westseite *(C. 2)* liegt neben der Nationalbank das Gebäude, in dem 1824 das erste Parlament des Landes tagte. An der Ostseite erhebt sich die schneeweiße *Kathedrale* aus der vorletzten Jahrhundertwende mit einer gewaltigen Wellblechkuppel.

MUSEO HISTÓRICO CULTURAL JUAN SANTAMARÍA

In einem aufwendigen Gebäude im Kolonialstil, dessen aufgesetzter Wachturm an seine ehemalige Funktion als Gefängnis erinnert, werden die Kämpfe gegen das US-amerikanische Söldnerheer von William Walker und die mutige Tat des costaricanischen Nationalhelden dokumentiert. Schöner Patio. *Di–So 10 bis 17 Uhr | Eintritt frei | Av. 3/C. 2 | www.museojuansantamaria.go.cr*

ESSEN & TRINKEN

Die Calle 1 im Zentrum ist gespickt mit *sodas* und Mittelklasserestaurants. Sehr preiswert isst man an den Ständen des *Mercado Municipal,* zwei Blocks westlich des Zentralparks.

CEVICHE DEL REY

Das peruanische Restaurant serviert nach einem königlichen *ceviche* als Vorspeise leckere südamerikanische Gerichte. *800 m nördlich vom Gerichtshof (Av. 9) | Tel. 24 40 07 79 | €*

LA JARRA

Sehr gute internationale Küche, freundliche Bedienung und gemütliche Atmosphäre. *Plaza Garibaldi | 800 m westlich des Zentralparks (Av. Central) | Tel. 24 41 17 83 | €€*

ÜBERNACHTEN

ALAJUELA

Das beste Hotel in der Stadt: ein 30 Jahre alter, dreistöckiger Zweckbau in zentraler Lage mit kleinem Patiogarten. Das freundliche Personal ist hilfsbereit auch bei der Planung von Exkursionen. *28 Zi. | C. 2/Av. Central (schräg gegenüber dem Parque Cen-*

tral) | Tel. 24411241 | Fax 24417912 | www.hotelalajuela.co.cr | €

COCONUT HOUSE

Preiswertes Haus mit relativ einfachen, jedoch ruhigen Zimmern mit Ventilator und Bad. Flughafenabholung, Reiseberatung und -hilfe, auch deutschsprachig. *7 Zi. | Urbanización La Trinidad, vom Supermarkt La Trinidad 100 m nach Süden und 350 m nach Westen | Tel. 24 41 12 49 | www.coconuthouse.info* | €

HORTENSIA

Neues, sehr angenehmes und gepflegtes Gästehaus einer *tico*-Familie. *9 Zi. | Urbanización La Trinidad, vom Supermarkt La Trinidad 100 m nach Süden und 250 m nach Westen | Tel./Fax 244 40 19 10 | www.hotelhortensia.net* | €

AUSKUNFT

Es gibt kein Auskunftsbüro, ersatzweise ist das Museum behilflich.

ZIELE IN DER UMGEBUNG

FINCA DE MARIPOSAS ★ [113 E2]

Im Dorf *Guácima* 15 km südwestlich liegt ein tropischer Garten mit mehreren Hundert Schmetterlingsarten, vom unscheinbaren Minifalter bis zum handtellergroßen Prachtexemplar. Lehrreiche Führungen werden angeboten. *Tgl. 8.30–17 Uhr | 15 US-$ | www.butterflyfarm.co.cr*

OJO DE AGUA [113 F2]

5 km südlich von Alajuela liegt das Schwimmbad mit großer Erholungsanlage in grüner Umgebung. Es zieht selbst Bewohner der Hauptstadt an, die hier am Wochenende picknicken. Eine starke Quelle speist mehrere

MARCO POLO HIGHLIGHTS

★ Finca de Mariposas
Der bunteste aller Schmetterlingsgärten liegt im Hochland unweit von Alajuela (Seite 33)

★ Guayabo
Keramik, Jade, Gold: Die Zeremonialstätte aus präkolumbischer Zeit ist der bedeutendste Ausgrabungsort des Landes (Seite 36)

★ Irazú (Vulkan)
Frühaufsteher belohnt von seinem Gipfel der wohl schönste Blick des Landes (Seite 36)

★ Jardín Lankester
Die Pracht der Tropen vereint in einem Garten (Seite 37)

★ Valle Orosí (Orosítal)
Phantastische Ausblicke von Serpentinen auf malerische Flussläufe (Seite 38)

★ Rain Forest Aerial Tramway
Seilbahn über den Wipfeln des Regenwalds (Seite 41)

★ Museo Nacional
In San José: Geschichte auf einen Blick (Seite 44)

★ Museo del Oro Precolombino
In San José die größte Sammlung präkolumbischen Goldschmucks (Seite 44)

★ Teatro Nacional
Nicht nur sein Café lohnt den Besuch des Theaters in San José (Seite 45)

Pools und einen kleinen See (Bootsfahrten). Nettes Restaurant, auch Wanderwege und Sportangebote. *Di bis So 9–18 Uhr | 2,50 US-$*

POÁS(VULKAN) **[113 E–F1]**

Aus dem größten Vulkankrater des Landes (1,5 km Durchmesser und 300 m tief), 37 km nördlich von Alajuela und 2704 m hoch, steigt seit dem letzten größeren Ausbruch 1978 noch immer schwefeliger Rauch. Dennoch ist der im gleichnamigen Nationalpark gelegene Vulkan zugänglich. Vom Parkplatz (mit Museum, Ausstellung, Modell des Parks, Restaurant) aus führt ein 600 m langer Fußweg zum Kraterrand. Von dort gelangt man über einen 1 km langen Waldweg zum höher gelegenen alten Krater *(Laguna Botos)*. Camping ist im Park nicht erlaubt. *Tgl. 8–16 Uhr | Eintritt zum Nationalpark 10 US-$ (Wanderkarte im Besucherzentrum erhältlich)*

SARCHÍ **[113 E1]**

Das 30 km entfernte Kunsthandwerkszentrum des Landes, zu erreichen in nordwestlicher Richtung über Grecia, ist berühmt für seine handbemalten Ochsenkarren *(carretas pintadas)*, früher Transportmittel für Kaffee, heute Dekorationsobjekt und Touristenattraktion. In der Kleinstadt reihen sich Souvenir- und Kunsthandwerksläden sowie Möbelgeschäfte aneinander. An der Calle Principal liegt unübersehbar die *Oxcart Factory* von Joaquín Chaverri, 1902 gegründet, mit einem besonders großen und farbenfrohen Angebot an Ochsenkarren. Insider Tip

Aus Sarchí kommen die farbenfrohen, bunt bemalten Ochsenkarren

ZARCERO **[113 E1]**

Von Sarchí fährt man weiter nach Nordwesten und erreicht nach gut 20 km in 1736 m Höhe Zarcero. Am *Zentralpark* hat ein Künstler die Zypressen zu überlebensgroßen Phantasieformen und Figuren zurechtgeschnitten, hauptsächlich Tiere, aber auch Hubschrauber und andere Objekte. Vorzügliche Mahlzeiten im *Restaurant Rancho Ceci* *(2 km nördlich der Stadt | Tel. 24 63 33 44 | €€)*. Insider Tip

CARTAGO

[114 A2] **Die einstige Hauptstadt und älteste Stadt des Landes, schicksalsgeprüft: zerstört durch sechs Erdbeben, die schlimmsten 1841 und 1910; Vulkanausbrüche des Irazú und Überflutungen taten ein Übriges.** Dennoch: Immer wieder wurde das 1563 von den Spaniern gegründete Cartago aufgebaut und diente bis 1823 als Hauptstadt. Heute präsentiert sich die alte Stadt im neuen Gewand, denn alle Gebäude stammen aus dem 20. Jh. Cartago (125 000 Ew.) liegt 22 km südöstlich von San José auf 1440 m Höhe und

ZENTRALE HOCHEBENE

Die Basilika im erdbebengebeutelten Cartago wurde im 20. Jh. wieder aufgebaut

ist daher etwas kühler. Berge und fruchtbare Ebenen umgeben die Stadt, jedoch auch einige Fabriken.

SEHENSWERTES

BASÍLICA DE NUESTRA SEÑORA DE LOS ÁNGELES

Überlebensgroße Engelsfiguren in strahlendem Weiß blicken auf den Haupteingang. Die 1926 im byzantinischen Stil wieder aufgebaute Basilika, die den Schrein mit der kleinen Marienstatue beherbergt, ist am 2. August Schauplatz einer Prozession mit Volksfestcharakter, zu der aus dem ganzen Land Tausende anreisen. Im Kircheninneren zahlreiche Vitrinen, für die Gläubige ihre erkrankten Organe in Miniaturform opfern und um Heilung beten. *Av. 2–4/C. 16–18*

ider pp

MUSEO HISTÓRICO-ETNOGRÁFICO ELÍAS LEIVA QUIRÓS

Neben archäologischen Fundstücken aus präkolumbischer Zeit und Exponaten zur Anthropologie und Ethnografie Zentralamerikas gibt es einen Saal mit Waffen der spanischen Kolonialherren. *Mo–Fr 8–14 Uhr | Eintritt frei, Spende erwünscht | Edificio Norte, Colegio San Luis Gonzaga (Calle 3/Av. 3–5)*

LA PARROQUIA

Nur die Außenmauern der Pfarrkirche verschonte das schwere Erdbeben von 1910; seitdem mahnt die mächtige, 1575 aus Granit errichtete Kathedrale nur noch als Ruine. Der innen liegende Garten kann besichtigt werden. *Tgl. 9–17 Uhr | Eintritt frei | Av. 2/C. 2*

Insider Tipp

ESSEN & TRINKEN

LA PUERTA DEL SOL

Typische *soda* mit Bar, von morgens bis abends immer stark besucht, gut zum Schnuppern von Lokalkolorit. *Av. 4/C. 16 (Nordseite der Basilika) | Tel. 25 51 06 15 | €*

ÜBERNACHTEN

In der Nähe des alten Bahnhofs liegen einige weniger empfehlenswerte Pensionen. Besser mietet man sich in den Hotels der Umgebung, etwa bei Paraíso im Orosítal (s. dort) ein.

>LOW BUDGET

> ▶▶ *Costa Rica Backpackers* ist ein *hostal* mit Hotelqualität: großer Garten, Pool, Schlafsäle und auch Doppelzimmer, dazu Internet kostenlos, nettes Restaurant und Salsakurs. *110 Betten | [U F3] San José | Barrio California | Av. 6/C. 21–23 | Tel. 22 21 61 91 | www.costaricabackpackers.com*

> Die sehr preiswerte Spanischschule *Montaña Linda* in Orosí bei Paraíso bietet Unterricht mit Übernachtung im Hostel, im Gästehaus, bei Familien oder im Zelt ab 99 US-$ für fünf Nächte. *Tel. 25 33 36 40 | www.montanalinda.com*

> Das *Museo de Arte y Diseño Contemporáneo (Mo–Sa 9.30–17 Uhr | [U E3] Av. 3/Calles 15–17 | www.madc.ac.cr)* in San José bietet im *Centro Nacional de la Cultura CENAC*, einer ehemaligen Likörfabrik, montags freien Eintritt zu Ausstellungen zu moderner Kunst und Design.

> Für Kunst- und Designinteressierte: Den Formen, Räumen und Klängen ist das *Museo de Formas, Espacios y Sonidos MUFES (Mo–Fr 9.30–15 Uhr)* im ehemaligen Bahnhof der *Ferrocarril al Atlántico ([U F3] Paseo de las Damas)* in San José gewidmet. Es zeigt bei freiem Eintritt Objekte und Werkstätten in alten Eisenbahnwaggons.

AUSKUNFT

Es gibt keine Auskunftsstelle, am besten wendet man sich an die Touristeninformation in San José.

ZIELE IN DER UMGEBUNG

GUAYABO ★ [114 B2]

20 km nördlich von Turrialba (Naturstraße), an den Ausläufern des gleichnamigen Vulkans, liegt der präkolumbische Ausgrabungsort, die bedeutendste archäologische Stätte des Landes und Nationalmonument. Guayabo wurde schon im 19. Jh. entdeckt, doch erst Ende der Sechzigerjahre erforscht. Straßen, Hügelgräber, Aquädukte und Fundamente verweisen auf eine Siedlung, die zwischen 800 und 1400 ihre Blüte hatte, jedoch schon 500 v. Chr. bewohnt war. Kunst- und Kultgegenstände aus Keramik, Jade, Gold und Halbedelsteinen geben Auskunft über die kulturelle und religiöse Bedeutung des Platzes. Bisher wurde nur eine Fläche von etwa 200 × 100 m der über 2 km² großen Zeremonialstätte dem Dschungel entrissen. Gepflasterte Wege erschließen die Umgebung des Regenwaldes. Vom *Mirador* genießt man einen wunderbaren Rundblick. Tier- und Pflanzenliebhaber sind angetan von der unberührten Fauna und Flora der Stätte. Am Eingang des von dichtem Wald umgebenen Guayabo befinden sich ein Wegeplan und Ausgrabungsfunde. *Tgl. 8–16 Uhr | 7 US-$*

IRAZÚ (VULKAN) ★ [114 A2]

Vom Kraterrand des 3432 m hohen Irazú, der zuletzt von 1963 bis 1965 mehrmals ausbrach, weht nicht nur ein kalter Wind, sondern eröffnet sich auch ein Adlerblick über das Land, auf reiche Felder und kleine Siedlungen. Außergewöhnlich: Kurz nach Sonnenaufgang überblickt man in der Trockenzeit bei klarem Wetter (nur dann) gleichzeitig zwei Weltmeere, die Küstenlinie des Golfs von Nicoya (Pazifik) auf der einen, die karibische Küste des Atlantiks auf der anderen Seite. Und im Norden glitzert der See von Nicaragua. Bereits während der Auffahrt zu dem 32 km nordöstlich von Cartago liegenden *Nationalpark Volcán Irazú* ergeben sich Ausblicke auf die Gebirgslandschaft des Valle Central mit Kartoffel- und Erdbeerfeldern, Eichenhainen sowie Holsteiner Milchkühen.

Unmittelbar nach Betreten des Parks wird es vegetationslos, man watet durch feinen, grauen Vulkansand. Insgesamt sieht man vier Krater, zwei davon mit Sand gefüllt. Der Hauptkrater mit 1 km Durchmesser enthält einen gelben Schwefelsee. Geht man um den Hauptkrater herum nach Norden, entdeckt man dort einige Fumarolen. Nordöstlich erblickt man den Vulkan Turrialba, in westlicher Richtung liegt unten im Tal San José, und gelegentlich ragt der Vulkan Barva aus den Wolken. Auf dem Rückweg lässt sich in Restaurants unterhalb des Gipfels ein landestypisches Mittagessen einnehmen. *Park tgl. 8–16 Uhr | 7 US-$*

Auch vor Ort so: Der schweflige Kratersee des Irazú schimmert grünlich-gelb

JARDÍN LANKESTER ★ **[114 A2]**

Ein Muss für Orchideenliebhaber ist dieser in den Vierzigerjahren von dem englischen Botaniker Charles Lankester angelegte und heute von der Universität von Costa Rica unterhaltene botanische Garten in einem 10 ha großen Wald. Einige der über 750 Arten erblühen im Treibhaus. 40 Bambusarten, ein großer Kakteengarten, im Winter kommen zahlreiche Zugvögel. Besonders schön ist ein Insider Tipp Besuch zur Blütezeit vieler Orchideen im März/April. *Tgl. 8.30–16.30 Uhr | 5 US-$ | 4 km Richtung Paraíso | www.jardinbotanicolankester.org*

TURRIALBA [114 B2]

Die 40 000-Ew.-Stadt liegt 37 km östlich in 625 m Höhe an den Ausläufern des 3339 m hohen Vulkans Turrialba am gleichnamigen Fluss. Hier treffen sich Wildwasserenthusiasten wie Vulkanbesucher und archäologisch Interessierte auf dem Weg nach Guayabo. Unterkunft im Insider Tipp Hotel *Casa Turire (16 Zi. | La Suiza | Tel. 25 31 11 11 | Fax 25 31 10 75 | www.hotelcasaturire.com | €€€)*, dem schönsten Plantagenhaus der Umgebung, von den Schweizer Besitzern liebevoll restauriert. Die Lage am Fluss animiert zu Kajaktouren, aber auch Ausflüge zum Vulkan und nach Guayabo werden organisiert. Man folgt der Ausschilderung von Turrialba und fährt Richtung Guápiles und La Suiza, dann nach 6 km rechts und nach 2 km noch einmal.

VALLE OROSÍ (OROSÍTAL) ★ [114 A2–3]

Südöstlich von Cartago erreicht man über Paraíso (ab dort weite Kaffeeplantagen) ein vom Río Grande de Orosí (später Reventazón) bewässertes Tal, der bei Cachí gestaut wird. Die Gegend reizte schon die Spanier, sodass die Franziskaner in Orosí 1735 die kleine *Missionskirche San José* errichteten. Das niedrige Hauptgebäude besitzt ein flaches, mit Ziegeln belegtes Satteldach, daneben steht der weiße Glockenturm. Angeschlossen ist ein kleines *Museum* für religiöse Kunst *(Di–So 9–17 Uhr)*. Vom

Nur eine von mehr als 750 Arten: Orchidee im Jardín Lankester

Aussichtspunkt *Mirador Orosí* beim Dorf ein schöner Ausblick über das liebliche Tal.

Am westlichen Ortsrand von Orosí liegt neben dem Thermalbad die Insider Tipp *Orosí Lodge (6 Zi. | Tel./Fax 25 33 35 78 | www.orosilodge.com | €)* im lokalen Baustil. Die Zimmer haben eine eigene Küche, und von den Balkonen hat man Vulkanblick. Die Cafeteria bietet Internet und eine kleine Kunstgalerie, Fahrräder und Kanus werden verliehen.

Auf dem weiteren Weg am Fluss und See entlang passiert man die *Casa del Soñador* (Haus des Träumers) mit reizvollen Holzarbeiten. Übernachtung im Hotel *Río Palomo (16 Zi. | 3,5 km südlich von Orosí | Tel. 25 33 31 28 | Fax 25 33 30 57 | €€)* am Fluss neben der Brücke mit Pool und gutem Restaurant; auch Pferdevermietung. Nachdem man den hohen Damm am Ostufer des Sees überquert hat, stößt man beim Rückweg nach Paraíso auf den Ort *Ujarrás* (17 km von Cartago) mit den Resten einer kolonialen *Kirche,* Ende des 17. Jhs. aus Kalkstein erbaut. Die inmitten einer Plantage gelegenen Ruinen drohten gänzlich zu verfallen und werden heute vom costa-ricanischen Tourismusbüro ICT unterhalten.

Bei Paraíso finden Sie ein weiteres angenehmes Hotel: Die von einer einheimischen Familie betriebene Lodge *Sanchiri (9 Bungalows | 2 km Richtung Orosí, nach 1 km Abzweig links| Tel. 25 74 54 54 | Fax 25 74 85 86 | www.sanchiri.com | €)* bietet neben herrlichen Ausblicken in die umgebende Natur gute costaricanische Küche. Jede der *cabañas* hat ihre eigene Aussichtsterrasse.

HEREDIA

[113 F2] Nur 11 km nördlich von San José und doch eine andere Welt. Heredia ist mit seinem ausgeglichenen Klima, seiner kolonialen Architektur und Kleinstadtatmosphäre eine Erholung von der Hauptstadt San José und verlockt zu einem mehrtägigen Aufenthalt. Als Ciudad de Flores, als „Stadt der Blumen", gefällt die 86 000 Ew. zählende Hauptstadt der gleichnamigen Provinz in 1137 m Höhe mit niedrigen weißen Häusern, deren rote Ziegeldächer von zahlreichen Kirchenkuppeln überragt werden. Schmiedeeiserne Gitter wölben sich vor den Fenstern, wuchtige Holztüren und dicke Mauern halten die Kühle im Haus und schirmen Patios und Gärten ab. Man handelt mit Kaffee, der in der Umgebung angebaut wird. Östlich des Zentrums liegt die Nationaluniversität des Landes, deren Studenten die Atmosphäre der Stadt prägen. Heredias Grundriss ist streng kolonial: In der ersten Hälfte des 18. Jhs. wurde es – zunächst mit der Errichtung einer Kirche 1706 – von Spaniern gegründet, die aus der damaligen Hauptstadt Cartago fortgingen.

SEHENSWERTES

CASA DE LA CULTURA

Das Stadthaus des ehemaligen Präsidenten Alfredo Gonzales Flores dient heute der Stadtverwaltung als Büro und als Kulturhaus mit Wechselausstellungen und kulturellen Darbietungen am Abend. Einige Räume des Hauses werden als historisches Museum genutzt. *Av. Central/C. Central (Nordostecke des Parque Central)*

EL FORTÍN

Die Stadtverwaltung ist in Teilen dieses spanischen Festungsgebäudes untergebracht, zu dem auch ein späterer, mit (umgekehrten!) Schießscharten bestückter Wachturm gehört. *Av. Central | Nordseite des Parque Central*

LA INMACULADA CONCEPCIÓN

Erdbebensicher konstruiert ist die 1797 nach 30-jähriger Bauzeit vollendete Hauptkirche der Stadt. Dicke Steinmauern und 30 Stützpfeiler des Innenschiffs prägen das wuchtige Bauwerk. *Av. 2/C. Central-1*

KAFFEEFINCA BRITT

Einblicke in eine Kaffeefabrik aus dem 19. Jh.: Der Verarbeitungsprozess wird mittels Schauspiel und Diavorführung demonstriert. Angeschlossen ist auch ein Kaffee- und Souvenirladen. *Dez.–April tgl. 15 Uhr | 25 US-$ | Mercedes Norte de Heredia (3 km nordöstlich) | www.cafebritt.com*

MUSEO DE BIOLOGÍA MARINA

Das meeresbiologische Institut der Universität unterhält ein zoologisches Museum mit rund 2000 Exponaten aus der Tier- und Pflanzenwelt beider Ozeane des Landes. *Mo–Fr 8–12 und 13–16 Uhr | Eintritt frei | Universidad Nacional (östliches Ende der Av. Central)*

Insider Tipp **MUSEO DE CULTURA POPULAR**

Von der Nationaluniversität restauriertes Landhaus (1885), das das ländliche Leben am Ende des 19. Jhs. zeigt. Ein gewaltiger steinerner Backofen sowie ein Steinkübel zum Kaffeemahlen befinden sich vor dem Eingang. Unterhalb des Museums liegt das sehr empfehlenswerte Restaurant *La Fonda,* das samstags und sonntags von sechs Frauen aus Heredia betrieben wird (€). *Tgl. 8–16 Uhr | 2,50 US-$ | Santa Lucía de Barva (4 km nordöstlich zwischen Heredia und Barva de Heredia), 1,2 km von der Hauptstraße*

Wehrhaft präsentiert sich der wuchtige Wachturm El Fortín im Zentrum von Heredia

PARQUE CENTRAL

Die alten Residenzen reicher Kaffeebarone, Herrenhäuser im kolonialen und neoklassizistischen Stil, gruppieren sich um das grüne Herz der Stadt. An der Nordwestecke das reich verzierte, neoklassizistische Postamt, an der Ostseite die eindrucksvolle Kirche. *C. Central-2/Av. Central-2*

ESSEN & TRINKEN

INKA GRILL

Beliebtes Haus mit peruanischer Küche. *Centro Comercial Paseo de las Flores (drei Blocks südwestlich vom Parque Central) | Tel. 22 37 30 11* | €€

LE PETIT PARÍS

Französisches Restaurant mit Bewirtung im Patiogarten in ruhiger Lage – das beste Haus im Ort. *C. 5/Av. 2-Central | Tel. 22 62 25 64* | €€

FINCA ROSA BLANCA

Zum ausgiebigen Fünfgängedinner lädt das Restaurant dieses herrlichen Landguts. Die Bioprodukte stammen aus eigenem Anbau, dazu gibt es köstlichen Tischwein. Reservieren! *Santa Bárbara de Heredia(5 km nordwestlich) | Tel. 22 69 93 92 | www.fincarosablanca.com* | €€€

VISHNU

Kleine Restaurantkette mit köstlichen vegetarischen Gerichten. *C. 7/Av. Central | Tel. 22 37 25 26* | €

ÜBERNACHTEN

BOUGAINVILLEA

Ruhiges Haus in einer üppigen, großen Gartenanlage; Pool, Tennisplatz und vorzügliches Restaurant. *81 Zi. | Santo Tomás de Santo Domingo (7 km südöstlich) | Tel. 22 44 14 14 | Fax 22 44 13 13 | www.bougainvillea.co.cr* | €€€

AM ABEND

Freiluftkonzerte gibt es mehrmals wöchentlich im *Pavillon* im *Parque Central.* Man trifft sich im Übrigen in den Bars an der Westseite der Universität, die vorwiegend von Studenten besucht werden.

AUSKUNFT

Auskünfte erhält man im Museo de Cultura Popular.

ZIELE IN DER UMGEBUNG

GUÁPILES [111 D5]

60 km nordöstlich von Heredia liegt an der neuen Straße nach Limón inmitten von Bananenplantagen die Ortschaft (20 000 Ew.), von der sich Wanderungen entlang der Flüsse und Täler der Nordostabhänge der Cordillera Central unternehmen lassen. Auf dem Weg liegt 5 km hinter dem Río Sucio (rechts, 3 km Waldweg mit Flussdurchquerung oder Hängebrücke) die *Seilbahn (teleférico)* ★ *Rain Forest Aerial Tramway (tgl. 8 bis 16 Uhr | 55 US-$ | www.rainforestrams.com),* die Besucher in 90 Minuten mit vielen Stopps etwa 1600 m in den Regenwald hinein- und wieder zurückbringt. Diese Konstruktion, die dem Wissenschaftler Donald Perry erlaubte, in Rara Avis das Ökosystem aus der Höhe zu studieren, steht jetzt auch Touristen zur Verfügung. Man bucht diesen Höhepunkt einer Costa-Rica-Reise im Hotel oder unter *Tel. 22 57 59 61* (80 US-$ mit Transport). Wer individuell anreist, nimmt in Heredia einen

HEREDIA

Im Stahlkorb durch die Baumkronen: Rain Forest Aerial Tramway auf dem Weg nach Guápiles

Bus nach Guápiles oder Puerto Viejo de Sarapiquí *(stündlich ab C. 12/Av. 7–9)* und steigt beim *teleférico* (7 km nach dem Zurquítunnel) aus.

INBIOPARQUE SANTO DOMINGO DE HEREDIA [113 F2]

Der Park des Instituto Nacional de Biodiversidad dient als botanischer Garten, Museum, Forschungsinstitut und Unterrichtszentrum. In zwei großen Hallen werden die Naturwunder des Landes gezeigt und erläutert. Lehrpfade führen durch Regen-, Trocken- und Nebelwald. Videovorführungen und Broschüre. *Di–Fr 8.30 bis 14, Sa/So 9–15.30 Uhr | geführte Wanderung mit Erläuterung 23 US-$ | 500 m nördlich und 250 m westlich des Friedhofs am Südwestrand des Orts | www.inbioparque.com*

PARQUE NACIONAL BRAULIO CARRILLO [113 F1]

Steil aufragende Berge, cañonartige Schluchten, Regen- und Nebelwald: Der große Nationalpark nördlich von Heredia wurde 1978 geschaffen, als man die neue Straße von San José über Guápiles nach Puerto Limón durch ihn hindurchführte. Der Regenwald mit 100 Orchideenarten ist Lebensraum für viele Tiere – Hunderte von Vogelarten, Raubkatzen, Tapire; unübersehbar sind die Affenfamilien. Im Park rauschen Flüsse und Wasserfälle, leuchten die roten Blüten großer Bäume, *llama del bosque* (Flamme des Waldes) genannt. Hier liegen die *Vulkane Barva* (2906 m, mehrere Kraterseen) und *Cacho Negro*. Zufahrt zum Barva über San José de la Montaña nach Sacramento, von dort 5 km zu Fuß. Mehrere Eingänge zum Nationalpark liegen an der Straße von San José nach Limón und dem Abzweig nach Puerto Viejo de Sarapiquí. *Tgl. 8–15.30 Uhr | 7 US-$*

PUERTO VIEJO DE SARAPIQUÍ [110 C4]

In nördlicher Richtung führt eine Straße entlang des Braulio-Carrillo-

Nationalparksdurch eine der abwechslungsreichsten Landschaften und Bergregionen Costa Ricas ins 90 km entfernte Puerto Viejo, einst ein wichtiger Hafen am Fluss Sarapiquí, der über den Río San Juan mit dem Río Colorado verbunden ist. Dadurch sind auch Barra del Colorado und der Nationalpark Tortuguero von Puerto Viejo aus per Boot erreichbar.

Übernachtungstipp: In einem tropischen Garten liegt die *Posada Andrea Cristina (7 Zi. | Carretera a Virgen, 350 m westlich der Kreuzung nach Río Frío | Tel./Fax 27 66 62 65 | www.andreacristina.com | €).*

RARA AVIS [110 C4–5]

Mit einer Festung in der Wildnis vergleicht Amos Bien sein privates Naturschutzgebiet. An der Nordostgrenze des Braulio-Carrillo-Parks, an einem Abzweig der Straße nach Puerto Viejo (Zugang von Las Horquetas), liegt Rara Avis, in dem der US-amerikanische Biologe Donald Perry das 30 bis 40 m über dem Boden liegende Kronendach des Regenwalds erforschte. Im Gewirr von Orchideen, Lianen und Tausenden weiterer Epiphyten hat sich eine zweite Naturwelt etabliert; hier leben Schlangen, Frösche, Skorpione, Insekten und Vögel. Unterkunft in der *Waterfall Lodge* (€€), einem zweistöckigen, dschungelumgebenen Holzhaus (ohne Strom!) mit Veranda und acht rustikalen Doppelzimmern. *Tel. 27 64 11 11 | Fax 27 64 11 14 | beschwerliche Anreise tgl. 9.30 Uhr ab Rara-Avis-Büro Las Horquetas (15 km, 4 Std.) mit Traktor | www.rara-avis.com*

SAN JOSÉ

KARTE IN DER HINTEREN UMSCHLAGKLAPPE

[113 F2] **Keine Stadt zum Verlieben. Durch die schachbrettartig angelegten Straßen, eine Mischung aus spanischer Planung und modernen Erweiterungen, quält sich dichter Verkehr, Fabriken schicken ihre Abgase gen Himmel.** Mit einer Bevölkerung von rund 440 000 bzw. mehr als 1,6 Mio., nimmt man die Umgebung dazu, liegt die Hauptstadt in einem breiten, fruchtbaren Kaffeetal in 1150 m Höhe am Fuß der Cordillera Central. Diese Lage sichert der Stadt ein angenehmes Klima. Seit 1823 ist das 1737 gegründete San José Hauptstadt des Landes, eine moderne und recht wohlhabende lateinamerikanische Metropole mit nur wenigen prächtigen Bauwerken und Überbleibseln der spanischen Epoche. Aber man bemüht sich heute, der grauen Stadt ein paar Farbtupfer zu verpassen. So erstrahlen das neoklassizistische Hotel del Rey und die Holzhäuser aus der Jahrhundertwende im alten Viertel Barrio Amón in neuem Glanz, die Plätze Parque Morazán, Parque de la Merced und Parque Central bekamen eine Rundumerneuerung.

SEHENSWERTES

Die Avenidas verlaufen (wie in vielen Städten Costa Ricas) in Ost-West-Richtung (nördlich der Avenida Central die ungeraden, südlich die geraden), die Calles von Norden nach Süden (östlich der Calle Central ungerade, westlich gerade). Schönster Stadtteil ist das Barrio Amón gleich nördlich des Zentrums: gepflegte

Holzhäuser im karibischen Stil und viktorianische Bauwerke der Kolonialzeit – ideal für einen Bummel.

LA MERCED **[U C3]**
Die neogotische Kirche (1894) besitzt eine fein gearbeitete Holzdecke. Im Park vor der Kirche erblickt man eine jener gewaltigen indianischen Granitkugeln, die vorwiegend im Süden des Landes entdeckt wurden. *C. 10–12/ Av. 2–4*

MUSEO NACIONAL ★ **[U E2–3]**
Costa Ricas Nationalmuseum ist in der Festung Bellavista auf einem Hügel mit Blick über die Stadt untergebracht. Die Ausstellungen zur Geschichte des Landes reichen von prähispanischen Fundstücken (auch Steinkugeln) über koloniale Möbel und Kunst bis in die Gegenwart. *Di bis So 8.30–16.30 Uhr | 6 US-$ | C. 15/Av. Central-2 | Plaza de la Democracia | www.museocostarica.go.cr*

Museo Nacional del Jade: Schmuck und Keramik aus vorkolonialer Zeit

MUSEO NACIONAL DEL JADE **[U E2]**
Das Jademuseum zeigt Schmuck, Keramikarbeiten und Jadesteine aus der vorkolumbischen Epoche. Da es in Costa Rica Jade nicht gibt, ist das kostbare Gestein vermutlich aus Guatemala und Mexiko importiert worden. *Mo–Fr 8.30–15.30, Sa 9–13 Uhr | 7 US-$ | Av. 7/C. 9 (Parque España) | im Erdgeschoss des Instituto Nacional de Seguros*

MUSEO DEL ORO PRECOLOMBINO ★ **[U D–E3]**
Das Goldmuseum zeigt eine umfangreiche Sammlung von Schmuckstücken aus Gold, darunter viele Nachbildungen von Tieren (Frosch, Skorpion, Krokodil, Adler), sowie weitere Kunst- und Kultarbeiten der präkolumbischen Zeit (1000 Originale aus den Jahren 300–1500). Im Stockwerk darüber ein Münzmuseum. *Tgl. 9 bis 16.30 Uhr | 9 US-$ (gilt für beide Museen) | Av. Central/C. 5 (unter der Plaza de la Cultura) | www.museosdelbancocentral.org*

PARQUE NACIONAL **[U E–F3]**
Ein auffälliges Bronzemonument von 1885 erinnert an die Abschaffung der Sklaverei und daran, dass fünf mittelamerikanische Staaten den Annexionsversuchen von William Walker widerstanden. *Av. 1–3/C. 15–17*

PARQUE ZOOLÓGICO SIMÓN BOLÍVAR **[U E2]**
Im Tierpark im Barrio Amón werden im Wesentlichen Tiere aus den Wäldern Costa Ricas gehalten. Während

Ihnen in den Naturparks hauptsächlich Affen, Leguane und Vögel begegnen, lassen sich in diesem Zoo auch Schlangen, Raubtiere und Wild bestaunen. *Mo–Fr 8–16, Sa/So 9–17 Uhr | 2,50 Euro | Av. 11/C. 7–9*

TEATRO NACIONAL ★ **[U D–E3]**

Das Neorenaissancetheater von 1897, dem die Pariser Oper Modell stand, ist mit seinen Marmortreppen und Fresken, dem golddekorierten Foyer und venezianischen Spiegeln das schönste Mittelamerikas. Das Deckengemälde in der Eingangshalle findet sich auf dem 5-Colones-Schein wieder. Der zur Bühne geneigte Zuschauerraum lässt sich für Tanzveranstaltungen waagerecht stellen. Das Theater enthält auch ein stilvolles Belle-Époque-Café. *Mo–Sa 9–16 Uhr | 3 US-$ | Av. Central–2/C. 3–5 | www.teatronacional.go.cr*

ESSEN & TRINKEN

Neben zahlreichen einheimischen *sodas* konzentrieren sich in der Hauptstadt und ihrer Umgebung die Restaurants mit ethnischer, internationaler und nordamerikanischer Küche.

Neorenaissance nach dem Vorbild der Oper von Paris: Teatro Nacional in San José

BAKÉA **[U E2]**

Samstagabends *das* Restaurant: schick und trendy in einem restaurierten Herrschaftshaus im schönen Barrio Amón. Innovative Küche, italienische Desserts. *C. 7/Av. 11 | Tel. 22 21 10 51 | www.restaurantebakea.com* | €€€

LA BASTILLE **[U C3]**

„Sabor y color", Geschmack und Farbe, lautet das Credo des Restaurants mit angeschlossener Kunstgalerie. Sie speisen an kunstvoll gedeckten Tischen im Angesicht weiterer Kunstwerke. *Paseo Colón/C. 22 | Tel. 22 55 49 94 | www.la-bastille-restaurante.com* | €€€

MACHU PICCHU **[U B2]**

Exotisch-scharfe peruanische Küche: zum Auftakt ein köstliches *ceviche* (marinierter, roher Fisch) und anschließend vielleicht *picante de mariscos* (scharfer Meeresfrüchteeintopf). *Calle 32/Av. 1–3 | Tel. 22 22 73 84* | €€

SODA TAPIA [U A3]
In La Sabana wird unweit des Kunstmuseums seit 80 Jahren *gallo pinto* serviert. Auf der Terrasse zur Straße ist es lebhaft und gelegentlich laut. *C. 42/Av. 2 | Tel. 22 22 67 34 | €*

VISHNU ▶▶ [U D3]
Restaurantkette für vegetarische Gerichte. Beliebt ist das Tagesgericht *(comida corrida),* das schnell serviert wird. *Av. 1/C 1–3 | Tel. 22 56 60 63 | €*

EINKAUFEN

Generell gilt: Die auf den Märkten der Hauptstadt und in den Kunsthandwerksläden angebotenen Waren stammen zum beträchtlichen Teil aus Guatemala und Südamerika. Jedoch gibt es auch einige schöne typisch costa-ricanische Produkte. Eine Fundgrube – besonders an Wochenenden – ist die *Plaza de la Cultura (C. 5/Av. Central,* [U E3]*)* mit Ständen, an denen Hängematten, Keramiken, Schnitzarbeiten und Lederwaren gehandelt werden. Am Fuß des Nationalmuseums, auf der *Plaza de la Democracia* [U E3], werden an kleinen Ständen Webarbeiten aus Guatemala und Silber und Keramik aus Mexiko verkauft.

ÜBERNACHTEN

Im Zentrum wird es laut, es herrscht viel Betrieb. Im *Barrio Amón* nördlich des Zentrums ist es ruhiger, hier liegen viele B-&-B-Häuser in traditionsreichen Gebäuden, die meisten davon individuell und gemütlich.

ALTA [0]
Moderner Haciendastil in den Hügeln westlich der Stadt mit Blick über San

Avenida Central: San Josés „Main Street"

José. Zimmer, Service und Restaurant sind hervorragend. Empfehlenswert: Buchung mit Flughafenabholung im Internet. *23 Zi. | Los Altos de las Palomas | Tel. 22 82 41 60 | Fax 22 82 41 62 | www.thealtahotel.com | €€€*

FLEUR DE LYS [U E3]
Das schöne viktorianische Haus wurde in ein Komforthotel mit Schweizer Management verwandelt. Es verfügt über höchst unterschiedliche Zimmer und Suiten. In einer ruhigen Straße im Zentrum gelegen, kein Pool, aber hübsche Gärten; mit Reisebüro für Touren. *31 Zi. | C. 13/Av. 2–6 | Tel. 22 23 12 06 | Fax 22 21 63 10 | www.hotelfleurdelys.com | €€*

KAP'S PLACE ▶▶ [U F2]
Persönliche Atmosphäre und farbenfrohe, von der Größe her höchst

unterschiedliche Zimmer in diversen Preislagen. Spanischunterricht, Massagen und Kosmetikbehandlungen. *18 Zi. | Barrio Aranjuez | Calle 19/ Av. 11–13 | Tel. 22 21 11 69 | Fax 22 56 48 50 | www.kapsplace.com | €*

TAYLOR INN [U D2]

Klein und fein: historisches Backsteingebäude von 1908, aufwendig restauriert. Edel designte Zimmer umgeben den ruhigen Patio. *12 Zi. | Barrio Amón | Av. 13/C. 3 | Tel. 22 57 43 33 | Fax 22 21 14 75 | www.taylorinn.com | €€*

ALBERGUE JUVENIL TORUMA [U F3]

Die Jugendherberge von San José liegt östlich des Zentrums im Stadtteil La California; Schlafsäle in einem prächtigen Stadthaus. *93 Betten | Av. Central/C. 29–31 | Tel. 22 34 81 86 | Fax 22 24 40 85 | www.hosteltoruma.com | €*

AM ABEND

Junge Leute treffen sich im Universitätsviertel San Pedro [0]. Als Jazzbar mit Pianomusik und angenehm unaufdringlicher Atmosphäre wird die *Bar Shakespeare (Av.2/C. 28, neben Sala Garbo | [U B3])* auch von Frauen geschätzt. Das *Centro Comercial El Nuevo Pueblo (Carretera de Grava 108 Richtung Guadalupe, zwischen den Stadtteilen Tournón und San Francisco | [U E1–2]),* ein Einkaufszentrum im Stil eines andalusischen Dorfs mit Restaurants, Diskotheken, Cafés und Musikkneipen, ist das schönste der Stadt.

Das *Teatro Laurence Olivier (Av. 2/ C. 28| Tel. 22 23 19 60 | um 7 US-$, Karten an der Abendkasse | [U B3])* ist ein Studententreff, in dem auch englischsprachige Stücke zur Aufführung kommen. Im *Teatro Melico Salazar (Av. 2/C. Central | Tel. 22 33 54 24 | www.teatromelico.go.cr | 8 US-$ | [U D3])* gibt man volkstümliche Stücke.

AUSKUNFT

INSTITUTO COSTARRICENSE DE TURISMO (ICT) [U E3]

Plaza de la Cultura | C. 5/Av. Central–2 | Tel. 22 22 10 90und 22 23 17 33 | www.visitcostarica.com

ZIEL IN DER UMGEBUNG

CRUZ DE ALAJUELITA [113 F2]

Um den Hausberg von San José zu besuchen, nimmt man an der Avenida 2 vor der Kirche La Merced den Bus zum Vorort Alajuelita El Llano und beginnt dort den zwei- bis dreistündigen Aufstieg. Der Weg ist nicht markiert, aber das große Kreuz auf der Bergkuppe weist den Weg. Cafés und Bars mit Aussichtsbalkonen *(miradores)* in die verschwenderische Natur säumen die Strecke.

Die Leichtigkeit des Seins, mit Würde zelebriert: Marimbaspieler in San José

> IM WILDEN WESTEN

Cowboyromantik, tropische Strände und zahlreiche Nationalparks

> Costa Ricas Nordwesten ist ein trockener, heißer Landstrich. Farmen, Zeburinder und hoch zu Ross sitzende *sabaneros,* die mittelamerikanischen Cowboys, prägen das Bild vom „wilden Westen".
Tatsächlich lebt man hier von der Viehzucht, bedecken Weideflächen und Steppen das Land. Der von der Provinz Guanacaste (der zweitgrößten des Landes) und teilweise von Puntarenas gebildete Nordwesten gehört zu den touristisch weniger erschlossenen Gebieten. An afrikanische Savannen erinnern weite Ebenen mit ausgedörrtem Gras, Schatten spenden allein die sich schirmartig ausbreitenden Bäume. Nur zwischen Mai und November fällt nennenswert Regen und erscheint frisches Grün. Die Region verfügt über mehr als ein Dutzend Parks und Reservate, mit tropischen Trockenwäldern und Regenwäldern in den Tiefebenen, nebelverhangen in höheren Regionen.

Bild: Nationalpark Rincón de la Vieja

DER NORDWESTEN

Meeresschildkröten schätzen die noch weitgehend leeren Küstenabschnitte als Brutplatz.

LIBERIA

[108 C3] Hitze und Staub liegen während der Sommermonate über den mit hellem Tuffstein gepflasterten Straßen und weißen Häusern, die Liberia den Namen „Ciudad Blanca", weiße Stadt, eintrugen. Allerdings haben Asphalt und Grauputz mittlerweile das meiste Weiß überdeckt. Mit 48 000 Ew. (und weiteren 10 000 in den umliegenden Gemeinden) ist die im Schachbrettmuster an den Ufern des Río Liberia angelegte, 1769 gegründete Hauptstadt der Provinz Guanacaste eine eher beschauliche Stadt, an Wochenenden Einkaufs- und Vergnügungsziel der auf den Rinder- und Pferdefarmen der Umgebung arbeitenden *sabaneros.* Liberias Lage an der Carretera Interamericana, wie die Panamericana, die „Traumstraße der Welt“, in Costa Rica genannt wird, bringt der Stadt nicht nur Durchgangsverkehr, sondern sie dient auch als Ausgangs-

Der Vulkan Arenal sorgt wie eine Düse für die konstanten Winde

punkt für Besuche der Nicoyahalbinsel mit ihren beliebten Stränden und der nördlich gelegenen Nationalparks Santa Rosa und Rincón de la Vieja.

SEHENSWERTES

MUSEO ECOLÓGICO DEL SABANERO

Schwerpunkte sind Vegetation und Landwirtschaft sowie eine Abteilung, die der Cowboykultur dieser Gegend gewidmet ist: aufwendig gearbeitete Sättel, traditionelles Zaumzeug, Lassos und ähnliche Utensilien. *Di bis Sa 9–17, So 9–16 Uhr | 1,50 US-$ | Casa de la Cultura (La Casona), Av. 6/C. 1*

SONNENTÜREN

Achten Sie auf die für viele Häuser der Stadt typische *puerta del sol:* Gleich zwei Außentüren führen an der nach Nordosten und an der nach Nordwesten gelegenen Seite des Hauses ins Innere. Früher blieb die jeweils der Sonne zugewandte Tür offen und ließ Licht herein; heute, im Zeichen der Elektrizität, steht die sonnenabgewandte Tür auf und lässt frische Luft herein, die Hitze bleibt draußen.

ESSEN & TRINKEN

EL CAFÉ LIBERIA

Hier gibts hausgemachte Suppen und Sandwiches sowie diverse Käsegerichte. *Av. 25 de Julio/C. 8 | Tel. 26 65 16 60* | €

PASO REAL

Das beliebte Fischrestaurant liegt im ersten Stock an der Südseite der Plaza Central über einer *tienda* und hat eine umlaufende Balkonterrasse mit Blick auf die Kirche. Fischsuppen und *ceviche* als Vorspeise sowie gebackener *róbalo* (Wolfsbarsch) sind sehr beliebt. *Av. Central/C. Central | Tel. 26 66 34 55* | €€

ÜBERNACHTEN

BOYEROS

Komfortabel mit gepflegten Pools in ruhiger Lage und dichtem Grün, Zimmer mit Balkon. *70 Zi. | Panamericana/Av. 2 | Tel. 26 66 07 22 | www.hotelboyeros.com* | €€

LAS ESPUELAS

Moderne, komfortable Zimmer umgeben einen großen Pool. Abends trifft man sich an der Poolbar, ab und zu treten Folkorebands auf. Rustikal ausgestattetes Restaurant, gerühmt für seine Meeresfrüchte. *44 Zi. | Panamericana (2 km südlich des Liberiaabzweigs) | Tel. 26 66 01 44 | Fax 26 66 24 41 | www.bestwestern.com | €€*

LA SIESTA

Nahe am Zentrum, jedoch ruhig gelegen, mit Restaurant, Pool, Autovermietung. Zimmer mit Bad und Klimaanlage, im heißen Liberia ein Muss. Wer mit dem Wagen kommt, findet einen gesicherten Parkplatz. *24 Zi. | C. 4/Av. 4–6 | Tel. 26 66 06 78 | Fax 26 66 25 32 | lasiestaliberia@hotmail.com | €*

AM ABEND

Das abendliche gesellschaftliche Leben konzentriert sich auf die Hotels sowie den *Parque Central;* dort im *Musikpavillon* wöchentlich *Freiluftkonzerte.*

AUSKUNFT

LIBERIA COSTA RICA INFO

C. Central/Av. 7 (300 m nördlich der Plaza Central) | Tel. 26 65 63 13 | www.liberiacostaricainfo.com

ZIELE IN DER UMGEBUNG

LAGUNA DE ARENAL (ARENALSEE) [109 E3–4]

Der knapp 40 km lange Stausee gilt als eines der besten Binnensurfreviere weltweit. Für konstante Passatwinde (am stärksten blasen sie zwischen Januar und April) sorgt der wie ein Trichter wirkende, 1633 m hohe ★ *Volcán Arenal* östlich des Sees. Faszinierend der Blick auf den aktiven Vulkan vom Südwestufer oder vom Parqueo Interior (3 km westlich) in den Nachtstunden, wenn Asche und gewaltige, rot glühende Lavabrocken in den Himmel geschleudert werden.

Einheimische schätzen den See als hervorragendes Angelrevier. Surfer treffen sich am Westufer am ▶▶ *Tilawa Viento Surf* (auch Verleih von Surfbrettern, *www.windsurfcostarica.com).* Dort gibt es auch diverse Restaurants und Cottages. Empfehlenswert ist die *Volcano Lodge* Insider Tipp *(65 Zi. | Carretera La Fortuna–Tabacón | Tel. 24 79 17 17 | www.volcanolodge.com | €€)* am Fluss La Palma mit komfortabel ausgestatteten Zimmern mit Blick auf den Vulkan. Transport zu den Hot Springs und zum Vulkan.

In La Fortuna und Umgebung liegen drei Balnearios: Der Vulkan Arenal liefert das 45 Grad heiße

MARCO POLO HIGHLIGHTS

★ **Volcán Arenal**
Pyrotechnische Zaubereien aus dem Vulkan (Seite 51)

★ **Playa Hermosa**
Weil die „Schöne" tatsächlich schön ist (Seite 53)

★ **Santa Elena Cloud Forest Reserve**
Auf Lehrpfaden geht es durch den Dschungel, und zwar hier, in der kleinen Schwester des Monteverde-Nebelwalds, abseits der Massen (Seite 54)

Wasser und gesundheitsfördernde Mineralien dazu, die Quelle speist Becken mit immer neuem Wasser. Die komfortablen Anlagen enthalten in einem tropischen Garten mehrere Pools, darunter auch einen für Kinder, sowie weitere Sporteinrichtungen. Abends ab etwa 18 Uhr ergibt sich ein phantastischer Blick auf das Arenalfeuer. 100 m unterhalb des Balneario Tabacón liegen die preiswerteren Insider Tipp *Ecotermales Fortuna* *(tgl. 10–21 Uhr | 4 Std. 40 US-$ mit Lunch oder Dinner)* mit fünf Becken.

Lohnend ist auch ein Besuch der Insider Tipp *Puentes Colgantes* *(tgl. 7.30–16.30 Uhr | 22 US-$ | La Fortuna, 4 km westlich von Tabacón | www.hangingbridges.com):* ein 3 km langer Wanderweg, der es in sich hat, weil er immer wieder unterbrochen wird von zahlreichen, bis zu 100 m langen Hängebrücken, darunter auch ein paar ziemlich abenteuerliche Konstruktionen.

PARQUE NACIONAL RINCÓN DE LA VIEJA [108 C2]

27 km nordöstlich von Liberia erreicht man den Naturpark, der den gleichnamigen Vulkan (1895 m) und einen weiteren (Santa María, 1916 m) umgibt. In dem geothermisch aktiven tropischen Waldgebiet mit mehr als 250 Vogelarten sprudeln Schwefel- und andere heiße Quellen, stößt man auf Fumarolen und Kraterseen. Mehr als 30 Bäche und Flüsse entspringen im Park, der mit einer Höhenlage von 600 bis 1900 m sehr unterschiedliche Vegetationszonen umfasst. Der Vulkan Rincón hatte an mehreren Stellen Ausbrüche, zuletzt 1995. Ausflüge werden in Liberia angeboten, ansonsten ist bei Autotouren Allradantrieb erforderlich. *Park Di–So 8–16 Uhr | 7 US-$*

Übernachtung in herrlicher Umgebung mit Wasserfällen und Vulkanblick in der *Hacienda Guachipelin (52 Zi. | 5 km nördlich*

Poolbar im Balneario Tabacón: Relaxen im 45 Grad warmen Wasser zu Füßen des Vulkans

von Liberia, dann 17 km östlich, am Eingang zum Nationalpark | Tel. 26 66 80 75 | Fax 26 66 21 78 | www.guachipelin.com | €€): Viehranch, Pferdezucht und Ökolodge in einem, ideal für unternehmungslustige Gäste, da eine Vielzahl von sportlichen Aktivitäten angeboten wird. Insider Tipp Ein Pool mit heilsamem Vulkanschlamm fördert die Gesundheit.

STRÄNDE [106 A–B3]

Die Qual der Wahl haben Strandläufer und Sonnenanbeter: Zahlreiche erschlossene Strände erstrecken sich etwa 20 km westlich von Liberia. Zunächst erreicht man den breiten, vulkanisch-schwarzen Sandstrand der ▸▸ *Playa del Coco,* beliebt bei Einheimischen und Rucksacktouristen. So haben sich in dem kleinen Fischerort Unterkünfte, Restaurants, Diskos und Bars etabliert. Gewarnt wird vor Strömungen im Meer. Die *Apartamentos Casa Lora (Tel. 26 70 06 42 | www.casalora.com | €€)* bieten Viersternekomfort zu günstigen Preisen. Zwischen Palmen und Bananenstauden liegen die beiden luxuriösen Apartments (35 m²) sowie drei Ferienhäuser (70 m² auf zwei Stockwerken) mit Küchenzeile und Terrasse. Zwischen Pool und Pavillon treffen sich die Gäste bei Sonnenuntergang auf ein Bier. Das Zentrum des alten Fischerdorfs mit mehreren Restaurants und Geschäften liegt 1,5 km entfernt am Strand.

3 km südlich an der *Playa Ocotal* lockt die Insider Tipp *Villa Casa Blanca (20 Zi. | Tel./Fax 26 70 05 18 | hotelvillacasablanca.com | €€),* ein kleines Hotel, das wie eine spanische Villa aussieht, ein paar Hundert Meter vom Strand entfernt in Hügellage. 7 km weiter nördlich wird die ★ *Playa Hermosa* mit glitzerndem, blauem Wasser, das in sanften Wellen die Bucht umspielt, ihrem Namen „schöner Strand“ gerecht.

MONTEVERDE

[109 E4] Das private Naturschutzreservat, 1500 bis 1800 m hoch gelegene Regen- und Nebelwälder, wird unterhalten von der internationalen Forschungsgruppe

Nicht hollywoodgerecht, aber authentisch: costa-ricanischer Cowboy als Melk-Man

Centro Científico Tropical. Aus dem einst gut 3 km² großen Schutzgebiet erwuchsen 110 km², gelegen in der Cordillera de Tilarán, einem Gebiet, in dem sich Anfang der Fünfzigerjahre ein Dutzend nordamerikanischer Quäkerfamilien niederließ, die weit verstreute Siedlung Monteverde gründete, Wälder rodete und Milchwirtschaft betrieb.

Durchschnittstemperaturen um 18 Grad und häufige Regenfälle machen Regenjacke und festes Schuhwerk ratsam. Starker Andrang führte dazu, dass die Besucherzahl begrenzt wurde, sodass sich von Dezember bis Februar Interessenten gelegentlich vor dem Parkeingang stauen. Anfahrt über Santa Elena (6000 Ew.), ab dem Río Lagarto nur mit Vierradantrieb befahrbare Strecke. Die Hotels, Restaurants und Sehenswürdigkeiten liegen entlang der 6 km langen Straße zwischen Santa Elena und dem Eingang zum Naturschutzgebiet.

SEHENSWERTES

HUMMINGBIRD GALLERY

Einzigartige Sammlung von Naturfotos eines Fotografenpaars sowie großes Angebot an Souvenirs. *Tgl. 9–17 Uhr, Diavorführung 11 Uhr | 3 US-$ | 100 m vor dem Eingang zum Naturschutzgebiet Monteverde*

JARDÍN DE MARIPOSAS (SCHMETTERLINGSGARTEN)

40 Schmetterlingsarten umschwirren die Besucher in einem Treibhaus und einem großen Garten, von einem feinen Gitter umgeben. *Tgl. 9–16 Uhr | 9 US-$ mit Führung | an einem Abzweig (rechts) von der Straße Santa Elena–Monteverde*

MONTEVERDE CLOUD FOREST RESERVE

Zahlreiche Lehr- und Wanderpfade führen durch das Reservat mit seinen seltenen Pflanzen und mehr als 350 Vogelarten. 500 Baumarten, fast 500 Schmetterlingsarten, 300 Orchideen und 200 Farne bilden den biologischen Reichtum des Naturschutzgebiets. Am Infozentrum bekommt man Broschüren über Wanderpfade *(sendero, trail)* sowie Landkarten. Zu den schönsten Pfaden gehören der *Sendero Bosque Nuboso* und – wegen der zeitweiligen Aussicht auf den Arenalvulkan – der *Cerro Amigos Trail*. Restaurant und einfache Unterkunft *(Albergue Reserva Biológica de Monteverde | Tel. 26 45 51 22 | €)* im Haupthaus. *Tgl. 7–16 Uhr | 15 US-$, mit Führer 30 US-$ (maximal 120 Personen im Park) | www.monteverdeinfo.com*

SANTA ELENA CLOUD FOREST RESERVE ★

Schüler des Orts und kanadische Helfer schufen ein (weiteres) kleines und nicht so überlaufenes Schutzgebiet mit Kursen für Biologiestudenten und mehreren Kilometern an Lehrpfaden. *Tgl. 7–16 Uhr | 10 US-$ | 7 km nordöstlich von Santa Elena | www.reservasantaelena.org*

SERPENTARIO

Lebende und ausgestopfte Schlangen, allesamt in Costa Rica heimisch. *Tgl. 9–18 Uhr | 8 US-$ | Santa Elena, 300 m vom Zentrum | www.skytrek.com*

>LOW BUDGET

- > *Playa Tamarindo* ist *der* Ort für einen günstigen Strandaufenthalt. Es gibt Campingplätze, preiswerte B-&-B-Pensionen, rustikale (Strand-)Restaurants und Second-Hand-Bookshops.
- > Die preiswertesten Keramiken, auch mit präkolumbischen Motiven und Formen, werden von Frauen in *Guaitil* in altmodischen Brennöfen hergestellt.

SKYWALK
Sechs Hängebrücken verbinden sich zu einem 500 m langen Pfad durch die 40 m hohen Baumkronen des Nebelwalds! Ein Insider Tipp auch für Kinder gefahrloser, 3 km langer Spaziergang. *Nur als geführte Tour tgl. um 8, 10 und 13 Uhr | 30 US-$ | 3,5 km Richtung Santa-Elena-Reservat | www.skywalk.co.cr*

Tree-Top-Trail mit himmelstürmendem Namen: Skywalk beim Santa-Elena-Reservat

EL TRAPICHE Insider Tipp
Die altmodische Zuckermühle mit Patiorestaurant produziert noch heute Zuckerrohrsaft. *Tgl. 10–19 Uhr | 30 US-$ | 2 km nordwestlich von Santa Elena (Straße nach Tilarán) | www.eltrapichetour.com*

ESSEN & TRINKEN

Die Hotels und Lodges in und um Monteverde unterhalten eigene Restaurants, sodass sich weite Wege vermeiden lassen.

CHUNCHES COFFEESHOP
Laden und Café, Zeitungen, Bücher, Cappuccino und Imbiss, Wäsche und Trockner, auch Infostelle, und all das preiswert bzw. umsonst: ein echter Allrounder. *20 m hügelabwärts vom Banco Nacional, gegenüber Pensión Elena | Tel. 26 45 51 47 | €*

FLOR DE VIDA
Vegetarisches Lokal mit vielen *gallo-pinto*-Variationen und „Veggie"-Spezialitäten, dazu eine Kunsthandwerksausstellung und eine Terrasse. *Cerro Plano (200 m nördl. der Post) | Tel. 26 45 63 28 | www.flordevida.net | €*

MONTEVERDE

Eine Regenjacke und robuste Schuhe sind unerlässlich in Monteverde

EINKAUFEN

CASEM

Der von einer Frauenkooperative betriebene Souvenirladen vertreibt handgearbeitetes Holzspielzeug, Wandteppiche und Öko-T-Shirts sowie hervorragenden Monteverdekaffee. *Mo–Sa 8–17, So 10–16 Uhr | an der Straße zwischen Santa Elena und Parkeingang gegenüber Stella's Bakery*

Insider Tipp LA LECHERÍA

Die renommierte Käsefabrik der Quäker *(fábrica de queso)* ist der Öffentlichkeit zugänglich. Von einer Aussichtsplattform lässt sich der Herstellungsprozess beobachten. Nicht nur Selbstversorger schätzen Gouda, Emmentaler und Cheddar und die übrigen europäischen und einheimischen Käse (insgesamt 17) und Milchprodukte aus Monteverde. *Mo–Sa 7.30 bis 17 Uhr | Aussichtsfenster frei, Fabriktour 8 US-$ | an der Straße Santa Elena–Monteverde, 300 m südöstlich CASEM*

> www.marcopolo.de/costarica

ÜBERNACHTEN

Mehrere Unterkünfte für einfache Ansprüche finden Sie in Santa Elena, viele gute Mittelklassehotels liegen entlang der Straße von Santa Elena nach Monteverde.

ARCO IRIS LODGE

Ruhig und ländlich gelegene, modernisierte Bungalows mit Restaurant (einheimische Küche) auf einem 10 000-m²-Areal, Fernsicht, Reitpferde, vielsprachiges Personal. *12 cabinas | Santa Elena | Tel. 26 45 50 67 | Fax 26 45 50 22 | www.arcoirislodge.com | €–€€*

HOTEL BELMAR

Zwei große Blockhäuser im Alpenstil an einem bewaldeten Abhang 3 km vor dem Naturpark; großzügige Zimmer mit Balkon und Meerblick. Abholdienst von San José. *28 Zi. an einem Abzweig der Straße Santa Elena–Monteverde | Tel. 26 45 52 01 | Fax 26 45 51 35 | www.hotelbelmar.net | €€*

EL BOSQUE
Einfache, saubere Zimmer mit Bad im Halbkreis um weites Grün. Wanderwege auf eigenem Grund; auch Camping. Gutes Restaurant. *29 Zi. | an der Straße Santa Elena–Monteverde 2,5 km vor dem Park 100 m westlich von Casem | Tel. 26 45 51 58 | elbosque@monteverdecostarica.info | €*

MONTAÑA MONTEVERDE
Preisgekrönt mit Sauna, Whirlpool und eigenem Naturschutzgelände. *42 Zi. | an der Straße Santa Elena–Monteverde | Tel. 26 45 50 46 | Fax 26 45 53 20 | www.monteverdemountainhotel.com | €€*

EL SAPO DORADO
Komfortable Bungalows, große Zimmer mit Kamin, Panoramafenster und Terrasse mit Blick zum Golf von Nicoya. Private Wanderwege (5 km) auf dem Grundstück. *30 Zi. | Abzweig (links) von der Straße Santa Elena–Monteverde, 5 km vor dem Reservat | Tel. 26 45 50 10 | Fax 26 45 51 80 | www.sapodorado.com | €€*

SPORT

Mehrere Reitställe vermieten Pferde für die Erkundung der Umgebung. *Sabine's Smiling Horses (50 m hügelabwärts vom Banco Nacional bei der Pensión Elena | Tel. 26 45 68 94 | www.horseback-riding-tour.com)* bietet auch geführte Ausritte für 15 US-$ pro Stunde durch den Regenwald in der Umgebung an.

AUSKUNFT

ASOCIACIÓN CONSERVACIONISTA MONTEVERDE
Cerro Plano (gegenüber Jardín de Mariposas) | Tel. 26 45 50 03 | Fax 26 45 51 04 | www.monteverdeinfo.com | www.acmcr.org

PENÍNSULA DE NICOYA (HALBINSEL NICOYA)

Die dunklere Hautfarbe der Bewohner erinnert an die Vorfahren der die Halbinsel besiedelnden Viehzüchter und Cowboys, Indianer vom Stamm der Chorotega. Sie gaben der Halbinsel ihren Namen, „von Wasser auf beiden Seiten umgebenes Land", denn sie erstreckt sich im Nordwesten Costa Ricas ca. 100 km weit ins Meer. Zahlreiche attraktive, verträumte, einsame und belebte Strände umgeben die gesamte Halbinsel. Touristen wie Einheimische schätzen die Strände und Buchten an der Pazifikseite.

> RODEO COSTA-RICANISCH

In der Provinz Guanacaste lebt die alte Cowboykultur

Auf den vielen Ranches der Region um Liberia werden Pferde zugeritten und finden zur Belustigung Rodeos statt, bei denen Männer auf wilden Bullen reiten. Höhepunkt ist der 25. Juli: An diesem *Día de Guanacaste* erlebt man viele Viehshows und Rodeos. In der ersten Septemberwoche finden anlässlich der *Semana Cultural* ebenfalls viele Rodeos statt.

Wer hier unterwegs ist, sollte Zeit mitbringen, denn viele Straßen sind nicht asphaltiert und befinden sich in abenteuerlichem Zustand. Jedoch: Der Strand, zu dem der Bus nur einmal täglich verkehrt, ist oft der schönere. An den Stränden findet man Unterkünfte aller Kategorien, vom schwül-heißen Pensionszimmer im Ortszentrum bis zum klimaregulierten Bungalow mit Meerblick.

AUSKUNFT

Es gibt kein ICT-Büro, man kann sich aber an das Museum in Nicoya wenden.

ZIELE AUF NICOYA

GUAITIL UND SANTA CRUZ [108 B5]

Der kleine Ort Guaitil (10 km östlich von Santa Cruz, das man auf der Straße 21 nördlich von Nicoya erreicht) ist landesweit bekannt als Zentrum der Keramikproduktion. Zahlreiche Hotels schmücken ihre Foyers mit den dickbauchigen Vasen im präkolumbischen Stil. In einfachen, lehmgemauerten Öfen werden die mit geometrischen Mustern versehenen Vasen, Krüge und Töpfe von indianischen Familien gebrannt.

Auf dem Rückweg lohnt ein Besuch der Kleinstadt *Santa Cruz* (15 000 Ew.), die sich selbst als „Folklorehauptstadt" des Landes bezeichnet. Die das ganze Jahr über gepflegte Musiktradition erreicht ihren Höhepunkt Mitte Januar, wenn alte Tänze aufgeführt werden und Kostümierte durch die Straßen ziehen. Die Bewohner sind stolz auf ihre moderne Kirche; gleich daneben erhebt sich der Glockenturm der 1950 durch ein Erdbeben zerstörten alten Kolonialkirche.

Lokale Gerichte servieren die *sodas* um den Stadtpark. Unterkunft finden Sie im *La Calle de Alcalá (28 Zi. | Calle de Alcalá | Tel. 26 80 00 00 | hotelalcala@hotmail.com | €),* einem Mittelklassehaus in grüner Umgebung mit Komfortzimmern, Klimaanlage, Restaurant, Bar und Pool.

MONTEZUMA ▶▶ [112 B3]

Im äußersten Süden liegt südlich von Tambor (Flugplatz) die vorwiegend von jüngeren Touristen aus Nordamerika bevölkerte *Playa Montezuma.* Der Ort (900 Ew.) erlebte in den vergangenen Jahren einen starken Touristenboom. Schöne Wanderun-

> LEGUANE

Die Miniaturdrachen sind harmlose Sonnenanbeter

Während der Leguan *(iguana)* in El Salvador und Mexiko als kulinarischer Leckerbissen gilt, hält man sich in Costa Rica mit dessen Verzehr eher zurück. Das fast wie ein kleiner Drachen aussehende Reptil kann bis zu 2 m lang werden, ist aber friedlich und vollkommen ungefährlich; wenn man sich ihm nähert, läuft es weg. Man begegnet Leguanen nicht nur in den Nationalparks, sondern fast überall, auch auf dem Hotelgelände. Am liebsten sonnen sie sich stundenlang bewegungslos auf Bäumen. Von der Bevölkerung wird der Leguan geschätzt, weil er Ratten und Mäuse fernhält.

gen können Sie im Tal des Río Montezuma und an der Küste entlang (zwei Wasserfälle) unternehmen.

NICOYA **[108 C5]**

Die Kleinstadt (28 000 Ew.) in der Mitte der Halbinsel ist das kulturelle Zentrum und fungiert für Reisende als Zwischenstopp auf dem Weg zur Küste. Die auf den Grundmauern einer alten Chorotega-Siedlung von den Spaniern 1544 gegründete Stadt besitzt die zweitälteste Kirche des Landes. Die *Iglesia de San Blas* (nach dem alten Stadtnamen) wurde 1634 an der Stelle errichtet, an der die unterworfenen *indígenas* ihre Kultstätte unterhielten. Das nach einem Erdbeben ein Jahrzehnt später erneut aufgebaute Gotteshaus, weiß mit roten Ziegeln und imposantem Glockenturm, liegt gegenüber dem von Mangobäumen beschatteten *Parque Central.* Wer über Nacht bleibt, wohnt im *Las Tinajas (28 Zi. | Av. 1/C. 5 | Tel. 26 85 50 81 | Fax 26 85 50 96 | €)* gegenüber der Bushaltestelle nach Liberia (große Zimmer mit Bad).

Zwischen Lavafelsen liegt die bei US-Amerikanern beliebte Playa Montezuma

PARQUE NACIONAL BARRA HONDA **[108 C5]**

Ziel für Höhlenforscher sind die weit verzweigten Karsthöhlen des 20 km nordöstlich von Nicoya liegenden, 23 km² großen Parks mit einem 300 m hohen Kalksteinhügel, der 19 erforschte, von Fledermauskolonien bewohnte Tropfsteinhöhlen und viele weitere, noch unerforschte birgt. Mit Ausnahme von *Cuevita* haben sie einen vertikalen Zugang, und bis zum ersten Höhlenraum können es durchaus mehr als 50 m sein. Durch die Höhlen fließen Bäche, die sich teilweise in Wasserfällen von einer Höhle zur nächsten ergießen. Entsprechende Ausrüstung, Erfahrung und Begleitung sind beim Besuch einer Höhle notwendig; die Parkverwaltung bietet Führungen an, Voranmeldung ist erforderlich. Lohnend ist die Wanderung auf dem ausgeschilderten *Sendero Ceiba* und zu einem *Aussichtspunkt* mit Blick über Tropenwald und die Nicoya-Halbinsel. *Park tgl. 8–16 Uhr (Mai–Nov. nur bis 13 Uhr) | 7 US-$ | www.barrahonda.info*

PARQUE NACIONAL PALO VERDE **[108–109 C–D4]**

Treffpunkt für Ornithologen: 60 km² Marschland (30 km südwestlich von Las Cañas am Río Tempisque) bieten Schutz für zahlreiche Wasservogelarten *(Laguna Foohas)* sowie viele Zugvögel. Der Fluss ist auch Lebensraum für Krokodile. *Tgl. 8–17 Uhr | 7 US-$*

Die *Station Palo Verde (4 Zi. à 6 Betten | Tel. 25 24 06 07 | www.ots.ac.cr)* der OTS (Organisation für tropische Studien) bietet Unterkunft in rustikalen Hütten mit Bad und Ventilator, vegetarischen Mahlzeiten und einer geführten Wanderung inmitten des Naturparks, ideal für Vogelkundler und Tierliebhaber.

Insider Tip

SÁMARA **[108 B6]**

40 km südlich von Nicoya liegt an der Westküste der Halbinsel der palmenbestandene Sandstrand der Playa Sámara, auch per Inlandflug (Flugplatz 4 km östlich) zu erreichen. Die nach Süden gewandte, sanft geschwungene Bucht, vom Felsen Punto Indio begrenzt, hat einen der sichersten und ruhigsten Strände Costa Ricas und zieht Ausflügler aus dem ganzen Land an, es herrscht dementsprechend viel Betrieb, besonders am

> BÜCHER & FILME

Empfehlungen zur Einstimmung und für unterwegs

> **Costa Rica's National Parks and Preserves** – Naturliebhaber besorgen sich (in Costa Rica) den Naturführer von Joseph Franke, der alle Naturschutzgebiete mit Fauna und Flora sowie Wanderwegen beschreibt.

> **Der Mönch, das Kind und die Stadt** – In dem Roman von Fernando Contreras Castro erkundet ein einäugiger Junge mit einem Exfranziskaner die costa-ricanische Welt und die Stadt San José.

> **Jurassic Park** – Saurier und Riesenechsen in tropischer Natur: Michael Crichtons 1993 von Steven Spielberg verfilmter Roman spielt auf einer Insel vor Costa Ricas Westküste.

> **Die Geiseln von Costa Rica** – Der von Uwe Janson 1999 gedrehte Thriller handelt von einer Entführung durch nicaraguanische Rebellen, die zwei Frauen im tropischen Regenwald gefangen halten.

> **Vivero Letter – Expedition in die grüne Hölle** – eine abenteuerliche Geschichte um eine Schatzsuche in Costa Rica von Gordon Boos (2004, auf DVD).

Wochenende, denn wohlhabende *ticos* unterhalten in Sámara ihre Sommerhäuser.

Nordwestlich liegt *Nosara,* wo es etwas ruhiger zugeht an einem oft menschenleeren Strand, der bisweilen von Affen heimgesucht wird. Der kleine Flugplatz und das Ortszentrum liegen 3,5 km vom Strand entfernt. Vielfältig ist die Fauna: Pelikane, Papageien und Tukane bevölkern die Gegend, die von einem Wildlife-Park begrenzt wird. Während der Wintermonate werden vor der Küste Buckel- und Grauwale gesichtet.

Ziel für spirituell Interessierte ist *Pacha Mama (Tel. 22 89 70 81 | www.pachamama.com)* 10 km nördlich von Nosara zwischen Ostional und Juanillo, ein nichtkommerzielles Zentrum von 100 Langzeitresidenten mit Platz für 200 Besucher, die sich für Yoga und Meditation interessieren. Übernachtet wird je nach Budget im Zelt, in *casitas* oder Bungalows. Der Mindestaufenthalt beträgt zehn Tage bzw. die Dauer eines Kurses.

TAMARINDO ▶▶ **[108 A4]**

Die weit geschwungene Bucht von Tamarindo (gut 30 km westlich von Santa Cruz) wird von einem Fluss unterbrochen, der bei Ebbe zu Fuß durchquert werden kann. Im Meer muss man auf Strömungen achten. Der Strand, obwohl ohne Schatten, ist zwischen November und April gefragtes Ziel von US-amerikanischen Besuchern. So stehen mehrere, auch preiswerte, Hotels und Restaurants zur Verfügung.

Zwischen Palmen am Meer liegt in einem großen Garten das Hotel *Tamarindo Diria (182 Zi. | Tel. 26 53 00 31 | www.tamarindodiria.com | €€–€€€)* mit einem vorzüglichen Restaurant unter Palmblattschirmen und Pools, Balkonen und Terrassen. Einen Traumblick über das Meer und zum Sonnenuntergang hat man von den oberen Zimmern. Das Hotel bietet Angeltörns, Segeln und Surfen und besitzt einen kleinen Golfplatz. Das hauseigene Reisebüro veranstaltet Ausflüge und Touren.

Die palmenbestandene Playa Sámara hat sogar einen eigenen Flugplatz

> WO DIE „TICOS" URLAUB MACHEN

An den Pazifikstränden boomt der Tourismus, und das nicht ohne Grund

> An den schwarzsandigen Stränden der Pazifikküste wird vermessen, geplant und gebaut, denn die Nähe zum zentralen Hochtal – weniger als zwei Stunden Fahrt und stündliche Busverbindung – macht die Küste auch für die Hauptstädter attraktiv. Vom Boom erfasst sind seit jeher die Stadt Puntarenas und zunehmend andere Strände wie Manuel Antonio und Playa de Jacó, und am Wochenende ist überall viel los. Die Pazifikküste bietet wesentlich mehr touristische Infrastruktur als die Karibikseite. Einsam und noch weitgehend unberührt ist dagegen Costa Ricas Süden, einst durch Bananenanbau zu Wohlstand gelangt. Nach dem Niedergang dieser Monokultur setzt die arme Region heute auf Naturtourismus.

GOLFITO

[117 E3] **Herrlich ist bereits die etwa sechsstündige Anreise von San José nach**

Bild: Strand an der Punta Leona nördlich von Jacó

PAZIFIK KÜSTE

Golfito, quer durch Costa Ricas unterschiedliche Landschaftstypen. Zunächst geht es in Serpentinen auf den höchsten Pass des Landes, den 3491 m hohen, meist nebelverhangenen Cerro de la Muerte, dann durch enge Kurven in das Valle del General. Kilometerweit erstrecken sich grüne Ananasfelder über die rote Erde. Im Nationalpark La Amistad folgt die Straße Flussläufen und passiert mehrere Wasserfälle. Ab Palmar Norte wird es schwül, die Vegetation tropisch: Orchideen, Bananen, Palmen. Bald wird der Blick frei für den Golfo Dulce und Golfito.

Sie ist heute die kleinste Hafenstadt des Landes. Ein halbes Jahrhundert zuvor avancierte der Hafen zur Nummer eins beim Bananentransport, 20 000 Menschen ließen sich in der Umgebung nieder, in der Altstadt eröffneten Bars und Bordelle. Heute geht es ruhiger zu. Eine neu errichtete

Freihandelszone *(depósito,* zollfreies Einkaufen) und der Ausbau des Tourismus sollen Besucher bringen und Arbeitsplätze erschließen.

Pueblo Cívico, der älteste Teil des sich 6 km an einer Lagune des Golfo Dulce erstreckenden Golfito, liegt im Süden der Stadt. Hier finden Sie Hotels, Restaurants und Bars sowie einen kleinen Anleger *(muellecito)* für Boote und Wassertaxis für Fahrten

SEHENSWERTES

REFUGIO NACIONAL DE FAUNA SILVESTRE GOLFITO

In dem an die Stadt östlich anschließenden, frei zugänglichen, 13 km² großen Tierschutzreservat mit tropischem Regenwald ist Camping erlaubt. Beste Besuchszeit ist von Januar bis März, dann ist es einigermaßen trocken. Viele Orchideen- und Vogelarten.

Einst ein wichtiger Bananenumschlagplatz, geht es heute im Hafen von Golfito am Golfo Dulce eher beschaulich zu

zu den Stränden. Das Viertel ist noch nicht restauriert, alte Holzhäuser stehen auf Stelzen teilweise über dem Wasser. Am Nordrand des Viertels, etwa beim Centro Turístico Samoa Sur, beginnt das heutige Stadtzentrum, und weiter nördlich liegt die wohlhabende sogenannte *Zona Americana.*

> www.marcopolo.de/costarica

ESSEN & TRINKEN

KING AND BARTLETT

Das Fischrestaurant gehört einer Sportanglerfirma und achtet daher schon aus Prestigegründen auf höchste Qualität der angebotenen Gerichte. *Av. Principal | südlich des Pueblo Cívico bei der Banana Bay Marina | Tel. 27 75 16 24* | €€€

SAMOA DEL SUR
Ein großer Open-Air-Pavillon bietet einheimische und internationale Küche mit Meerblick. *Im Samoa-del-Sur-Resort südlich des Zentrums am Meer | Tel. 27 75 02 33 | www.samoadelsur.com* | €€

ÜBERNACHTEN

BUENA VISTA CABINAS
In seiner Lodge empfängt Peter, der deutsche Besitzer, die Gäste. Schön: die an einen 22 ha großen Regenwald angrenzende Lage und der Blick auf den Golfo Dulce. Sogar mit kleinem Pool! *4 Zi. | Carretera Golfito–Purruja km 6 | Tel./Fax 27 75 20 65 | petergolfito@hotmail.com* | €

EL GRAN CEIBO
Am Südende von Golfito am Meer gelegenes Hotel (vier Gebäude) mit zwei Pools, subtropischem Garten und Frühstück im Freien mit Meerblick. Es gibt Zimmer mit und ohne Klimaanlage und Lärm. *27 Zi. | Av. Principal | Tel./Fax 27 75 04 03 | www.hotel-elgranceibo.com* | €

LA PURRUJA LODGE
Auf einer Anhöhe gelegene Hütten unter Schweizer Leitung. Ausflüge auf die Halbinsel Osa, Fluss-, Dschungel-, Höhlen-, Krokodiltouren und Reitausflüge. Ein komfortabler Campingplatz ist auch vorhanden. *5 Zi. | 5 km südlich von Golfito | Tel. 27 75 50 54 | www.purruja.com* | €

SIERRA
Mittelklassehaus inmitten grüner Umgebung nördlich der Stadt mit großen Zimmern, zwei Pools, Spezialitätenrestaurant *Aramacao* sowie großem Tourenangebot. Geschmackssache: das hoteleigene Kasino und die Karaokebar. *72 Zi. | Carretera Principal Norte zwischen depósito und Flughafen (Zona Americana) | Tel. 22 75 06 66 | www.hotelsierra.com* | €€

STRAND

Empfehlenswert ist der von Palmen beschattete Strand *Playa Cacao* gegenüber vom Bootsanleger Pueblo Cívico; Taxiboote bringen Passagiere für 3 US-$ in 15 Minuten hinüber.

AUSKUNFT

LAND-SEA TOURS
Ein Reisebüro mit Internetcafé, Imbiss, Auskünften und Touren. *Südlich der Stadt neben der Banana Bay Marina | Tel./Fax 27 75 16 14*

ZIELE IN DER UMGEBUNG

PARQUE INTERNACIONAL LA AMISTAD [114–115 C–E 4–5]
Costa Ricas größtes Naturschutzgebiet (1900 km² auf costa-ricanischem

MARCO POLO HIGHLIGHTS

★ **Bahía Drake**
Per Boot in die Bucht mit dichter Vegetation und sauberem Strand (Seite 66)

★ **Parque Nacional Corcovado**
Der „Amazonas von Costa Rica" (Seite 66)

★ **Parque Nacional Manuel Antonio**
Baden im Nationalpark (Seite 70)

★ **Mariposa**
Hotelfrühstück über dem Nationalpark Manuel Antonio (Seite 72)

Seltene Edelhölzer, einsame Strände: die dünn besiedelte Halbinsel Osa

Gebiet), das sich über die Grenze hinweg nach Panama ausdehnt, ist auch das am wenigsten besuchte. Wildnis, weitgehend ohne Straßen und Wege, durch die man sich mit einem einheimischen Führer den Weg bahnt. Der Artenreichtum – Laub- und Nadelwälder, tropischer Regenwald und Moore, mit niedrigen Sträuchern und Gräsern bewachsenes Ödland – übertrifft alle anderen Nationalparks. Allein 400 Vogelarten sind hier beheimatet sowie über 250 Amphibien und Reptilien, dazu Tapir, Jaguar, Puma, Ozelot, Berglöwe und mehrere Affenarten. Der Zugang auf eigene Faust ist außerordentlich schwer, Stichstraßen von der CA 2, der südlichen Interamericana, enden am Rand des Naturschutzgebiets. Expeditionen werden von einigen Reisebüros angeboten.

PENÍNSULA DE OSA (HALBINSEL OSA) [116–117 C–D4]

Anfang der Sechzigerjahre begann auf der kaum besiedelten Halbinsel zunächst ein „Holzrausch", dem bis 1975 ein beträchtlicher Teil der Edelhölzer zum Opfer fiel, bis man den ★ *Parque Nacional Corcovado* einrichtete. Dieser erstreckt sich über 420 km² im Südwesten und enthält viele seltene Baumarten, 100 Reptilien-, 300 Vogel- und 150 Säugetierarten. Dann folgten in den Flüssen des Parks Goldfunde, Abenteurer versuchten ihr Glück, ein regelrechter Goldrausch setzte ein, die Zerstörung des Naturschutzgebiets schritt zügig voran: Wald wurde gerodet, der Boden aufgebaggert, Flüsse wurden umgeleitet. Heute ist das Schürfen im Nationalpark, den man in Costa Rica „unseren Amazonas" nennt, verboten.

Die Halbinsel ist ein einziges großes Gewächshaus, auf dem Landweg zu erreichen, von Golfito mit der Fähre (nach Puerto Jiménez, 90 Minuten) oder per Charterflug. An der Nordwestseite liegt die ★ *Bahía Drake,* ein wenig erschlossenes Naturparadies mit sauberem Strand, an den die dichte Vegetation heranreicht. Einfache und komfortable Unterkünfte sind vorhanden, Angeln und Reitausflüge möglich. Bootsausflüge in den Nationalpark Corcovado und zum Bioreservat *Insel Caño* veranstalten alle Unterkünfte in der Bahía Drake.

Einfach-rustikale Unterkunft bieten in *Agujitas* in der Drake Bay 350 m vom Strand die *Cabinas Manolo (10 Zi. | Tel. 88 85 91 14 | www.cabinasmanolo.com | €);* auch günstige Ausflüge und Touren. Anreise in die Drake Bay: Man nimmt in der Stadt Sierpe ein Boot, das den Río Sierpe hinunter in die Bucht fährt *(40 km | 80 Min. | 25 US-$).*

ZANCUDO ▶▶ [117 E4]

Die Halbinsel Zancudo ist von einsamen Stränden umgeben. 15 km südlich von Golfito liegt die schwarzsandige *Playa Zancudo*. Man erreicht sie am besten per Taxiboot von Pueblo Cívico aus, der Landweg ist beschwerlich. Die Fahrt führt durch das dicht von Mangrove bewachsene Ästuar von Esperanza. Es gibt mehrere preiswerte Unterkünfte und Restaurants, zum Beispiel *Cabinas Sol y Mar (Tel. 27 76 00 14 | www.zancudo.com | €€),* fünf Hütten in einem hübschen Garten.

PUNTARENAS

[112 C2] Traditioneller Badeort für *ticos*, Hauptstadt (100 000 Ew.) der gleichnamigen großen Provinz, bis zum Ausbau von Puerto Caldera (17 km südlich) wichtigster Pazifikhafen des Landes. Puntarenas, groß geworden durch den Kaffeehandel, erstreckt sich über eine 6 km lange Landzunge in den Golf von Nicoya und schließt die Lagune und Bucht El Estero im Süden ab. Das schwüle, subtropische Klima begünstigt den Anbau von Reis, Bananen und Kokospalmen, für die Puntarenas noch heute Umschlagplatz ist. An der Südseite der Stadt liegt ein langer Strandabschnitt, hier haben die Einheimischen ihre Wochenendhäuser, hier liegen die Boote. Dennoch: Mit dem Wohlstand ist es vorbei, denn der Hafen Caldera macht jetzt den Umsatz. Ganze Häuserblocks zeigen Anzeichen von Verfall, neue Arbeitsplätze erhofft man sich vom aufkeimenden Tourismus.

SEHENSWERTES

Spaziergänge auf der Halbinsel, die etwa 50 Calles lang und nur vier bis fünf Avenidas breit ist, verlegt man wegen der schwülen Hitze in die Vormittagsstunden oder nach 16 Uhr. Ein Bummel auf der baumgesäumten Uferpromenade *Paseo de los Turistas* (Südseite) führt an vielen Restaurants, Cafés und Bars entlang; an der Nordseite der Stadt geht es vorbei am Hafenbecken mit Werften, Lagerhäusern und Fähranlegern – die Arbeitswelt einer Hafenstadt. In den Gassen der Innenstadt (Calles 1–7) und auf dem Markt *(Mercado Municipal | Av. 3/C. 2)* herrscht reges Leben.

MUSEO HISTÓRICO MARINO DE PUNTARENAS

Die Geschichte der Stadt, ihres Hafens und der Kaffeeausfuhr wird in kleinen Ausstellungen vorgeführt. Interessant die Schwarzweißaufnahmen aus der Zeit der vorletzten Jahrhundertwende. *Di–So 10–17 Uhr | Ein-*

tritt frei | Casa de la Cultura, Av. Central/C. 3

Insider Tipp
PARQUE MARINO DEL PACÍFICO
Jüngste Touristenattraktion sind die Krokodilaufzuchtbecken, die Schildkröten und tropischen Fische im neuen, aufwendig gestalteten staatlichen Park, der sich dem Schutz des Meers verpflichtet fühlt. *Di–So 9–17 Uhr | 7 US-$ | alter Bahnhof, 500 m östl. der Mole für Kreuzfahrtschiffe | www.parquemarino.org*

PLAZA
Die Rolle des Parque Central übernimmt hier eine kleine Plaza, an der eine 100 Jahre alte, wuchtige Kirche aus Sandstein steht. An der Nordostecke des Platzes beginnt eine Fußgängerzone *(C. 5)*.

ESSEN & TRINKEN

CAPITÁN MORENO
Restaurant mit einheimischer Küche, Steaks und lokalen Fischgerichten. Dazu gehört eine (ab 22 Uhr lebhafte) Bar. *Av. 4/C. 13–15 | Tel. 26 61 08 10* | €€

LA CASA DE LOS MARISCOS
Das besonders bei einheimischen Touristen beliebte Restaurant am Malecón bietet Fischgerichte mit Meerblick, darüber hinaus exotische Mixgetränke und hausgemachte Desserts. *Paseo de los Turistas/C. 7–9 | Tel. 26 61 16 66* | €€

EINKAUFEN
Der *Mercado Municipal* bietet nicht nur Lebensmittel, sondern auch Kunsthandwerk und Souvenirs. *Av. 3/ C. 2*

ÜBERNACHTEN

TIOGA
Haus der Sechzigerjahre mit Kasino, Garten und Pool. Etwas verblichene Eleganz, Restaurant (ganz oben) mit Meerblick, preiswerte *soda* am Pool. *52 Zi. | Paseo de los Turistas/C. 19 (El Carmen) | Tel. 26 61 02 71 | www.hoteltioga.com* | €€

Insider Tipp
VISTA GOLFO DE NICOYA
Oberhalb der Stadt in den Bergen, mit Reitausflügen, Canopy und Dschungeltouren. *11 Zi. | Finca Daniel | Tajo Alto | Miramar de Montes de Oro | Tel. 26 39 83 03 | Fax 26 39 81 30 | www.finca-daniel.de* | €€

YADRÁN
Modernes Haus am Ende der Stadt, gegenüber ein wellenbrechergeschütz-

> RINDER ZU HAMBURGERN
Im Land weiden Abertausende für die Fastfoodklopse

Aus Rindfleisch werden sie gepresst, und davon liefert Costa Rica den USA pro Jahr 100 000 t für ihre Fastfoodketten. Mittlerweile gibt es in dem kleinen Land mehr Rinder als Einwohner, und die Weideflächen wurden ausgedehnt, der Wald dazu abgeholzt. Schließlich braucht jedes Rind mehrere Hektar Weidefläche, bevor es geschlachtet werden kann. Der Gewinn ist kurzfristig, der Schaden für das Land umso nachhaltiger.

Abendliches Schauspiel in Puntarenas: Sunset über den Bergen von Nicoya

ter Strand (dazwischen eine Straße). Panoramarestaurant, Kinderpool. *36 Zi. | Paseo de los Turistas/C. 35 (El Carmen) | Tel. 26 61 26 62 | Fax 26 61 19 44 | www.hotelyadrancr.com* | €€€

FREIZEIT & SPORT

Hochseeangeln ist beliebt. Am Hafen warten stets Boote, die professionelle Törns mit Ausrüstung anbieten. Pro Tag und Person muss man mit 70 bis 110 US-$ rechnen. Geruhsamer sind ganztägige Kreuzfahrten mit Badegelegenheit und Fischbuffet durch den Golf von Nicoya *(u. a. von Calypso Tours | Tel. 22 56 27 27 | www.calypsocruises.com | ab 110 US-$).*

AM ABEND

Am schönsten sind die Abende in einer der Bars oder Restaurants am Paseo de los Turistas; es ist nicht mehr so heiß, und ein Sonnenuntergang über den Bergen von Nicoya gehört zu den bleibenden Erinnerungen.

AUSKUNFT

Auskunft erteilt das Museum. Im Internet: *www.puntarenas.com*

QUEPOS

[113 F4] **Der einstmals bedeutsame Bananenhafen zählt heute nur noch 12 000 Ew. In der Umgebung der Stadt werden Reis, Sorghum (eine Hirseart) und tropische Früchte angebaut, aber auch Viehwirtschaft und Fischerei sind von Bedeutung.** Puerto Quepos wurde von der US-Bananenexportfirma United Fruit Company als Ausfuhrhafen gebaut, aber seit in den Fünfzigerjahren des 20. Jhs. eine Epidemie die Plantagen der Region heimsuchte, ging es mit dem Hafen bergab, und man ersetzte in der Folge die Bananenplantagen durch Ölpalmen.

Schon bei der Anfahrt fällt die romantische Lage des Städtchens zwischen hügeligen Wäldern auf. Sie mag die Franziskaner bewogen haben, 1570 an der Mündung des

Flusses Naranjo eine kleine Missionsstation zu errichten, die sie aber 1730 wieder verließen. Von der Station stehen nur noch einige Grundmauern. Heute besteht Quepos aus dem alten Pfahlbautendorf Boca Vieja bei der Brücke über die trichterförmige Flussmündung, wo man wegen Platzmangel die Häuser auf Stelzen ins Wasser setzte, aus der Bungalowansammlung der ehemaligen Bananenherren außerhalb des Städtchens und aus dem relativ neuen Zentrum.

Playa Espadilla im Parque Nacional Manuel Antonio: ein Bad im Nationalpark

SEHENSWERTES

ISLA DAMAS

Die Quepos vorgelagerte, lang gestreckte Halbinsel bildet eine Lagune, in die vier Flüsse münden. Die Mündung, das Ästuar, ist dicht mit Mangroven bewachsen und Heimat vieler Wasservögel. *Bootsfahrten ab Quepos Marina | ab 40 US-$*

PARQUE NACIONAL MANUEL ANTONIO ★

Die drei Buchten des knapp 7 km^2 kleinen Nationalparks gelten als die schönsten des Landes; zwei von ihnen, die weißen Strandbuchten *Espadilla Sur* und *Manuel Antonio,* werden durch die eindrucksvolle Felsformation *Punta Catedral* voneinander getrennt. Eidechsen, Wasservögel und Affen findet man zuhauf, ebenso gibt es fast 200 Vogelarten. Zum Park gehören auch zwölf kleine Inseln, die vom Ufer aus zu sehen sind; sie sind überwiegend vegetationslos und Brutplatz für Seevögel.

Vorteilhaft für Besucher mit Kindern: Der Park besitzt mehrere kurze Rundwanderwege, nach einer Stunde ist man, wenn man will, wieder am Ausgangspunkt. Trotzdem ist die Artenvielfalt der Natur nicht geringer als anderswo, und der Kontakt mit Affen ist garantiert. *Di–So 7–16 Uhr (wochentags maximal 600, Sa/So 800 Personen gleichzeitig im Park, daher früh erscheinen) | 10 US-$ | 7 km südöstl. der Stadt, Eingang am südl. Ende der Playa Espadilla durch eine Furt*

ESSEN & TRINKEN

CAFÉ MILAGRO

Kulttreff für junge US-Amerikaner. Die von einer Collegestudentin gegründete Kaffeerösterei bietet diverse Kaffeespezialitäten. Nebenan lockt das dazugehörige *El Patio,* ein farbenfrohes Freiluftcafé, mit lateinamerikanisch-kalifornischen Spezialitäten. Im Angebot auch tropische Cocktails und südamerikanische Weine. Zwischen Quepos und dem Manuel-Antonio-Nationalpark eröffnete das Café Milagro einen Ableger mit lateinamerikanischen Rhythmen im tropischen Patiogarten. *C. 2 (am Ufer südlich der Brücke) | Tel. 27 77 17 07 | www.cafemilagro.com* | €–€€

EL GRAN ESCAPE

Ankerplatz rund um die Uhr. „You hook them, we cook them" ist die Devise in dem schummerigen, trophäengeschmückten Lokal. Darüber hinaus große Karte, vom Frühstück bis zum Dinner. Nautische Atmosphäre im Barbereich, viele Brettspiele. *Av. Central bis/C. 2 | Tel. 27 77 03 95 | www.elgranescape.net* | €€

LA HACIENDA

Große Auswahl an europäischen und regionalen Gerichten, Spezialität sind Fisch und Schaltiere. Umfangreiche Weinkarte. *Centro Comercial Plaza Yara, Manuel Antonio | Tel. 27 77 34 73 | www.lahaciendacr.com* | €€€

ÜBERNACHTEN

Vorzuziehen sind die Hotels an der Straße zum Manuel-Antonio-Park: Sie sind ruhig und haben Meerblick. Auch die Häuser in Strandnähe bieten leichten Zugang in die tropische Natur. Die Preise liegen jedoch merklich höher als in Quepos.

>LOW BUDGET

> *The Tucan (150 m östl. der Pazifikstraße | Tel. 27 43 81 40 | www.tucanhotel.com)* in Uvita bietet sehr günstige klimatisierte Mehrbett- und Doppelzimmer, dazu ein üppiges Zusatzangebot: Neben Bar und Restaurant gibt es eine Gemeinschaftsküche, kostenlose Internetnutzung sowie Verleih von Surfboards, Fahrrädern und Motorrädern.

> Was für ein Name: *Gran Hotel Imperial (36 Zi. | Paseo de los Turistas/ C. Central–2 | Tel./Fax 26 61 05 79 | €)!* In dem ehemals prächtigen Holzbau aus der Zeit um 1900 in Puntarenas wohnen Sie heute einfach, aber günstig in einem der großen Zimmer mit Balkon.

DIVISAMAR
Dreigeschossiger, moderner Bau in den Hügeln über dem Park, auch *cabinas,* in einem gepflegten Garten, mit Fußpfad (2,5 km) zum Strand und Parkeingang; Transfer zum Strand und nach Quepos. *25 Zi. | 4 km Richtung Manuel Antonio (links) | Tel. 27 77 03 71 | Fax 27 77 05 25 | www.divisamar.com* | €€

MARIPOSA
Eines der landesweit schönsten Häuser, in Bungalows hoch über dem Meer untergebrachte Suiten, eingerichtet mit Antiquitäten und Ethnoobjekten, Aussichtsplattform auf die Bucht. Rosa und türkis leuchten die Möbel auf der Restaurantterrasse, aber die Küche lässt mitunter zu wünschen übrig. Bustransport. *56 Zi. und Suiten | 4 km südlich von Quepos an der Straße nach Manuel Antonio | Tel. 27 77 03 55 | Fax 27 77 00 50 | www.hotelmariposa.com* | €€€

EL MIRADOR DEL PACÍFICO
Palmblattgedeckte Hütten und zwei große, lang gezogene Holzhäuser, über Treppen durch dichte Vegetation zu erreichen. Große, schattige Terrassen, komfortable Zimmer, und abends kommen die Affen. Romantische kleine Poolanlage. Auch Motorradverleih und begleitete Touren. *22 Zi. | km 1,5 der Straße nach Manuel Antonio | Tel. 27 77 01 19 | Fax 27 77 35 60 | www.elmiradorcostarica.com* | €€

CABINAS PEDRO MIGUEL Insider Tipp
Vom einfachen Zimmer bis zur komfortablen Suite, dazu ein sehr beliebtes Restaurant; die freundlichste Unterkunft der Region. *16 cabinas | 1 km Richtung Manuel Antonio | Tel. 27 77 00 35 | www.cabinaspedromiguel.com* | €

VILLA ROMANTICA
Ganz in Weiß: Eine geschwungene Treppe führt hinauf zur Veranda vor

In aussichtsreicher Gipfellage und im Ethnostil eingerichtet: Hotel Mariposa

den Zimmern (Klimaanlage oder Ventilator). Mit tropischem Garten und Pool. *16 Zi. | km 0,5 der Straße nach Manuel Antonio | Tel. 27 77 00 37 | www.villaromantica.com* | €€

VILLAS LIRIO

Inmitten tropischer Vegetation, auf halbem Weg zwischen Quepos und dem Nationalpark, liegt links ein elegant anmutendes, kleines Hotel, umgeben von gepflegten Gärten. Zwei Pools, kostenlose Internetplätze sowie Gästezimmer mit Safe, Klimaanlage, Ventilator und Kaffeezubereiter, Balkon oder Terrasse. *23 Zi. | Carretera Quepos–Manuel Antonio km 4 | Tel. 27 77 52 92 | http://hotelvillaslirio.com* | €€€

Insider Tipp

WIDE MOUTH FROG

Hostal in einem großen tropischen Garten. Neben fünf Schlafsälen für 42 Gäste gibt es auch zwölf komfortablere Zwei- und Dreibettzimmer. Man trifft sich am Pool und in der Küche, relaxt in den Hängematten und chattet übers Internet mit zu Hause. *130 m östl. der Bushaltestelle | Tel. 27 77 27 98 | www.widemouthfrog.org* | €

FREIZEIT & SPORT

Amigos del Río (Tel. 27 77 00 82 | www.amigosdelrio.net) bietet Bootsausflüge auf dem Meer an, außerdem Wildwasserfloßtouren, Reitausflüge und Dschungelwanderungen.

AUSKUNFT

Auskünfte im Souvenirladen *Buena Nota (Tel. 27 77 10 02)* an der Straße zum Park zwischen den Hotels Karahe und Piscis. *www.puertoquepos.com, www.manuelantoniopark.com*

ZIELE IN DER UMGEBUNG

FINCA BAVARIA [114 B6] Insider Tipp

5 km südlich von Uvita liegt 1 km abseits der Küstenstraße gegenüber dem Ballena Marine National Park im eigenen 10-ha-Regenwald diese Finca mit palmblattgedecktem Restaurant, Pool und gepflegten Bungalows (z. T. Meerblick). Es locken Wanderungen zu den Wasserfällen der Umgebung, Vogelbeobachtung, Reit- und Kajaktouren. *5 Zi. | Tel. 83 55 44 65 | www.finca-bavaria.de* | €€

JACÓ [113 D3]

Das 65 km nordwestlich gelegene Jacó ist beliebt bei jungen Leuten wegen der zahlreichen preiswerten Unterkünfte und der vielen Diskotheken. Auch Surfer lieben den Ort wegen des oft hohen Wellengangs. An Wochenenden ist Jacó überschwemmt von Hauptstadtbewohnern. Im Ort werden Pferde für Reitausflüge angeboten. Am nördlichen Strandende 700 m vom Zentrum liegt unter hohen Palmen in tropischem Grün das *Hotel Pochote Grande* (*24 Zi. | Tel. 26 43 32 36 | Fax 22 20 49 79 | www.hotelpochotegrande.net* | €€). Das zweistöckige Haus bietet große, einfache Zimmer, Garten mit Pool und Strandzugang. Insider Tipp

Herrliche Ausblicke auf die Halbinsel Nicoya und die Strände der Umgebung bietet die Terrasse des auf einer Klippe thronenden *Hotels Villa Caletas* (*8 Zi. und 13 Villen | Tel. 26 37 05 05 | Fax 26 37 04 04 | www.hotelvillacaletas.com* | €€€). Die Anlage im französischen Kolonialstil 3 km oberhalb der Playa Herradura gehört zu den schönsten und teuersten des Landes. Wer hier nicht wohnt, sollte zumindest auf einen Cocktail vorbeischauen. Insider Tipp

> 200 KILOMETER EINSAMKEIT

Karibisches Lebensgefühl prägt die Atlantikküste mit ihren Tropenwäldern

> Knallbunte Holzhäuser auf Stelzen, menschenleere Strände mit Pelikanen und Fregattvögeln, Einsamkeit, Fischerkähne unter Palmen, Geruch nach Meer und Kokosnuss. „Hey Man" wird Touristen schon mal nachgerufen, wenn sie in die kleinen Siedlungen an der schwülen Karibikküste reisen, Auftakt für weitere Gespräche.

Während im übrigen Costa Rica 98 Prozent der Bevölkerung hellhäutig sind, leben in der Provinz Limón ein Drittel Schwarze, Nachkommen der für die Arbeit auf den Plantagen und den Eisenbahnbau von den Westindischen Inseln geholten Menschen. Viele sprechen einen englischen Dialekt, der auf Jamaika gebräuchlich ist. Nicht nur die Sprache, auch der Lebensstil unterscheidet sich hier vom übrigen Land – Musik, Küche und Wohnstil sind karibisch geprägt. Die Provinz ist schwach besiedelt, nur 300 000 Menschen bewohnen die 200 km lange Atlantikküste.

Bild: Nationalpark Tortuguero

KARIBIK KÜSTE

PUERTO LIMÓN

[115 E2] **Einer der wichtigsten Häfen des Landes (80 000 Ew.), Containerumschlagplatz für Kaffee, Ananas und Bananen, Zentrum afrokaribischer Kultur.** Doch reichlich Verfall kündigt sich an, Wellblech nimmt zu, Farben bröckeln ab, und viele Erdbebenschäden wurden nicht beseitigt, die Ruinen stehen am Meer. Wegen des feuchtheißen Klimas (ohne Trockenzeit) werden hauptsächlich Tagestouristen angezogen, die die Stadt nur als Zwischenstopp auf dem Weg zu den Tortuguerokanälen und den Karibikstränden im Süden besuchen.

SEHENSWERTES

CORREO

Das große, um die vorletzte Jahrhundertwende erbaute Eckhaus besitzt die schönsten Fenster, Balkone und Türen der Stadt, dazu eine Dekoration in sanften Pastelltönen. *Südseite des Mercado Municipal*

MUSEO ETNOHISTÓRICO

Das Völkerkundemuseum bietet Exponate zur präkolumbischen Bevölkerung und zur Ankunft von Kolumbus, daneben Schautafeln zur Geschichte der Region. Eindrucksvoll ist die Ausstellung zum Bau der Eisenbahnstrecke nach Limón. *Di–Sa 9–12 und 13–16 Uhr | 1 US-$ | Av. 2/C. 4, Südseite des Mercado in der alten Post*

In der karibisch geprägten Provinz Limón leben viele Schwarze

ESSEN & TRINKEN

In Limón herrschen *sodas* und chinesische Restaurants vor; mehrere, auch mit kreolischer Küche, liegen um den *Mercado Municipal (Av. 2–3/C. 3–4)* herum. Beste Wahl für Fisch und Meeresfrüchte sind die in der Mitte des Mercado gelegenen Garküchen. Urlaubsatmosphäre mit ausgelassener Stimmung und viel Reggaemusik herrscht das ganze Jahr über in den offenen Cafés und Restaurants am einzigen Strand von Limón, der *Playa Bonita* nordwestlich der Stadt in Portete. Insider Tipp

BLACK STAR LINE Insider Tipp

Das Gebäude und sein Name erzählen eine lange Geschichte von der Titanic bis zu Bob Marley. Dazu gibt es „schwarze" karibische Küche für wenig Geld in starker Atmosphäre. Auf jeden Fall eine *comida limonense* bestellen! *Av. 5/C. 5–6 | Tel. 27 58 17 98* | €

MARES

Gemütliche *soda* und Bar mit einheimischen Gerichten. Man sitzt in Korbsesseln und lässt das Spektakel des lebendigen Straßen- und Markttreibens an sich vorüberziehen. *Av. 2/C. 3–4 (Südseite des Mercado Municipal)* | €

ÜBERNACHTEN

Billigunterkünfte sollten Sie in Limón meiden, da dort häufiger Leute absteigen, denen man zu Hause aus dem Weg geht.

MARIBU CARIBE

Komforthotel (vorwiegend Pauschalurlauber) 3 km nordwestlich auf weitläufigem Gelände, zwei Pools, Restaurant mit Meerblick. *52 Zi. | Carretera a Portete | Tel. 27 58 45 43* | €€

MATAMA
Ruhig und fast tropisch gelegene, weitläufige Anlage in Strandnähe (350 m, Straße dazwischen) 3 km nordwestlich der Stadt, großer Garten mit Minizoo; auch Ausflüge nach Tortuguero und Cahuita. *16 Zi. | Playa Bonita | Carretera a Portete | Tel. 27 58 11 23* | €€

MIAMI
Einfache, doch sichere Herberge im Zentrum, ruhige Zimmer mit Ventilator. *10 Zi. | Av. 2/C. 4–5 | Tel. 27 58 04 90* | €

FREIZEIT & SPORT

Vogelbeobachtung, Reiten, Baumklettern und Canopy bietet die *Selva Bananito Lodge (Bananito | Tel. 22 53 81 18 | www.selvabananito.com)* 20 km südlich von Limón (Anfahrt: 1 km südlich der Brücke über den Río Vizcaya abbiegen, dann 12 km landeinwärts).

AM ABEND

Abzuraten ist in Puerto Limón vom Barbummel auf eigene Faust und nach Einbruch der Dunkelheit. Auch sollten Lokale abends besser per Taxi angefahren werden.

AUSKUNFT

In Limón gibt es kein ICT-Büro; notfalls wendet man sich ans Museum.

ZIELE IN DER UMGEBUNG

BRIBRÍ [115 E3]
Der Ort ist Lebensraum für Indianer des Talamanca-Stamms, die für wenig Lohn als Erntehelfer hart arbeiten, und Ziel für Reisende, die sich für die *indígena*-Kultur interessieren. Das aus einfachen Holzhäusern bestehende, inmitten von Bananenpflanzungen ruhende Dorf liegt 60 km südlich an der Grenze zu Panama und bildet mit seiner Umgebung ein Indianerreservat. Treffpunkt ist das türkis gestrichene *Restaurante Bribrí (Tel. 27 51 00 44* | €*)*.

In Bribrí, um Bribrí und um Bribrí herum: Bananen, Bananen, Bananen

MARCO POLO HIGHLIGHTS

★ **Tortuguero**
Bootsfahrt durch den Dschungel (Seite 80)

★ **Schildkrötenstrand**
Im Nationalpark Tortuguero können interessierte Besucher mit viel Vorsicht bei der Eiablage zuschauen (Seite 81)

★ **Barra del Colorado**
Wohnen in Dschungelhotels im Gewirr der Lagunen und Kanäle (Seite 82)

CAHUITA [115 E3]

Eine von Palmen gesäumte Straße, links der Strand, rechts Bananenplantagen, und immer wieder die roten Achiotebäume, aus deren Früchten schon die vorkolumbische Bevölkerung Farbe gewann, führt 43 km südlich von Limón in das Karibikdorf ▶▶ *Cahuita,* Treffpunkt junger Leute, die ein ungezwungenes Leben am Strand führen, das exotisch gewürzte Essen in den *sodas* und die billigen Betten der kleinen Hotels schätzen; Musik und Geselligkeit herrschen vor. Das Zentrum der Ortschaft mit dem nördlichen Eingang zum Nationalpark bietet zahlreiche einfache Hotels, *cabinas* und Restaurants, ist aber weniger attraktiv, auch muss man auf seine Sachen gut aufpassen. Besser, man sucht sich eines der Hotels oder *cabinas* an der nördlich gelegenen *Playa Negra.*

Der *Cahuita-Nationalpark* – einer der schönsten Costa Ricas mit Sumpf- und Mangrovenwald, Tukanen, Kolibris und Aras sowie herrlichen weißen Stränden – erstreckt sich von Cahuita über die nordöstlich gelegene Halbinsel bei Puerto Vargas und südlich am Strand bis Punta Caliente. Naturpfade führen durch tropische Vegetation und entlang der Küste. Ein vorgelagertes *Korallenriff* – das größte des Landes – bietet Lebensraum für knapp drei Dutzend Korallenarten und über 100 unterschiedliche tropische Fische.

Hotels: Die *Atlántida Lodge (30 Zi. in cabinas am Strand | Playa Negra | Tel. 27 55 01 15 | €€)* kurz vorm Ort, zehn Minuten vom Nationalpark, lockt mit viel Holz und Natur und einem Pool in dichtem Grün. Sehr empfehlenswert ist *El Encanto B & B (6 Zi. | C. Playa Negra/C. Unión 600 m vom Ortszentrum | Tel. 27 55 01 13 | Fax 27 55 04 32 | www.elencantobedandbreakfast.com | €€),* eine kleine Frühstückspension unter US-amerikanischer Leitung.

Insider Tipp

Beine hoch und relaxen: entspannter Lebensrhythmus an der Karibikküste

MANZANILLO [115 F3]

75 km südlich von Limón erreicht man die Siedlung Manzanillo, wo die Straße an einem Fluss endet. Dort liegt im Naturschutzgebiet Gandoca-Manzanillo die ungewöhnliche Unterkunft ▶▶ *Almendros & Corales (Tel. 27 59 90 57 | Fax 27 59 90 56 | www.almondsandcorals.com | €€€),* ein komfortables Hotel (mit Vollpension) auf überdachten Plattformen. Die 24 Bungalows verfügen über Ventilator und Bad, dazwischen Holzstege und ein Whirlpool unter den Baumkronen.

Insider Tipp

PUERTO VIEJO DE TALAMANCA ▶▶ [115 F3]

Auch dieser abgelegene (schwarze) Strand, 15 km südlich von Cahuita, ist bevorzugter Treffpunkt von jungen

Strände, Sumpf- und Mangrovenwald und tropische Vögel: der Nationalpark Cahuita

Leuten. Die heißen Tage vergehen mit Volleyball am Strand, zwischen Dezember und April auch mit Surfen. Mückenschutzmittel nicht vergessen und Vorsicht vor der Strömung im Meer! Die Organisation für Ökotourismus und Naturschutz ATEC bietet preiswerte Trekking- und Flusstouren zu den Ureinwohnern in den Dschungel der Atlantikregion *(Asociación Talamanqueña de Ecoturismo y Conservación | Calle Principal | Puerto Viejo de Talamanca | Tel. 27 50 01 91 | www.ateccr.org)*.

Insider Tipp

Preiswerte Übernachtung im Ort und an den Stränden nördlich und südlich, wo sich *cabinas* und kleine Hotels über 5 km verteilen. Österreichische Besitzer empfangen ihre Gäste in der *Coco Loco Lodge (Tel./Fax 27 50 02 81 | www.cocolocolodge.com | €)*, fünf rustikalen Palmdachhütten mit Bad und Terrasse (plus vier weitere Zimmer), strandnah und umgeben von einem großen Garten. Ein Juwel ist das *Hotel Maritza (10 Zi. und 14 cabinas | Tel. 27 50 00 03 | Fax 27 50 03 13 | €€)* im Zentrum, ein karibisches Holzhaus, das nach einem Erdbeben aufwendig wieder aufgebaut wurde. Das Hotel *Casa Blanca (Tel./Fax 27 50 00 01 | €)* 800 m südlich von Puerto Viejo an der Punta

Insider Tipp

>LOW BUDGET

- Der deutsche Naturkundler Rolf Blancke betreibt in Puerto Viejo de Talamanca das Hotel *Cabinas Tropical (9 Zi. | Tel. 27 50 02 83 | Fax 750 06 45 | www.cabinastropical.com)* und bietet sehr preiswerte, sechsstündige Touren *(ab 50 US-$)* mit Frühstück im Dschungel an.
- In dem kleinen Gästehaus *Los Sueños (6 Zi. | Tel. 27 50 03 69 | www.hotellossuenos.com)* in Puerto Viejo de Talamanca wohnen zwei Personen nur einen Block vom Strand entfernt im Doppelzimmer für 15 US-$.
- Das *Natural History Visitor's Center (Mo–Sa 10–12 und 14–17, So 14–17 Uhr)* 500 m nördlich von Tortuguero, über einen Weg parallel zum dunklen Strand zu erreichen, informiert für nur 1,50 US-$ Eintritt über die Schildkrötenforschung.

Artenreiche Tierwelt in Tortuguero: Seekühe, Jaguare und natürlich Schildkröten

Pirikiki in einem tropischen Garten bietet fünf komfortabel ausgestattete Zimmer mit Hängemattenterrasse, dazu Küche, Grillplatz, Wäscheservice und einen Campingplatz.

TORTUGUERO

[111 E3] ★ **Langsam gleitet das Boot durch tiefgrünes Wasser, vorbei an Mangroven und Palmen, das Sonnenlicht bricht durch die überhängenden Blätter, weiße Ibisse und Papageien flattern auf, die Luft ist erfüllt von einer süßen Schwüle und den Geräuschen des Urwalds.** Zu den eindringlichsten Erlebnissen einer Reise durch Costa Rica gehört die Fahrt durch den Nationalpark Tortuguero, ein 190 km² großes Tierschutzgebiet. Es besteht aus einem System von Lagunen und Kanälen (insgesamt 110 km), die mit dem traditionellen Einbaum wie auch mit größeren Booten befahren werden. Der Park ist Heimat für Seekühe und Hunderte von Vogelarten. In den unzugänglichen Feuchtwäldern jagen Ozelot und Jaguar, Temperaturen um die 30 Grad und häufige Niederschläge schufen eine selbst für Costa Rica außergewöhnlich artenreiche Vegetation.

Tortuga heißt Schildkröte, und tatsächlich sind die Strände des Parks Brutplatz für Meeresschildkröten. Von Juli bis Oktober schwimmen die trächtigen Weibchen in Nächten mit hellem Mondlicht zur Eiablage an Land, darunter auch die bis 200 kg schwere Grüne Meeresschildkröte.

Tortuguero (700 Ew.) ist ab Moín, 7 km nordwestlich von Limón, mit Booten auf Kanälen zu erreichen, die parallel zur Küste nach Norden führen (77 km, ca. 35 US-$). Anreise auf dem Wasserweg auch ab Puerto Viejo de Sarapiquí, Cariari/La Pavona und Siquirres sowie per Flug *(70 US-$)* von San José zum Flugplatz bei der Schildkrötenstation. Die Zahl der Besucher ist auf 350 pro Tag begrenzt.

SEHENSWERTES

BOOTSFAHRTEN

Eine Fahrt auf den Wasserwegen gehört zu den schönsten Naturerlebnissen. Palmen neigen ihre Blätter bis auf das Wasser, exotische Vögel fliegen von Ufer zu Ufer, Affen begleiten die Boote. Die einzelnen Lodges unterhalten Boote unterschiedlicher Größe, mit denen sich die Flüsse, Lagunen und Kanäle des Nationalparks erkunden lassen. Meist geschieht dies in Gruppen und mit einem naturkundigen Führer. Es lassen sich jedoch auch kleinere Boote für individuelle Ausflüge mieten.

SCHILDKRÖTENSTRAND ★

Zum Schutz der bedrohten Grünen Meeresschildkröte, der Karettschildkröte und der Lederschildkröte wurde der Park 1975 geschaffen. Zwischen Juli und Oktober kriechen die schweren Tiere nachts den Strand hinauf, um ihre Eier abzulegen. Bevor die Sonne wieder brennt, kehren sie ins Wasser zurück. Während der Saison bieten die Unterkünfte Ausflüge zu Strandabschnitten, an denen sich das Schauspiel beobachten lässt, ohne die Schildkröten zu stören.

ESSEN & TRINKEN

Die Lodges unterhalten alle ein Restaurant, die Verpflegung ist meist im Preis eingeschlossen. In Tortuguero Village findet man zahlreiche Cafés, *sodas* und einfache Restaurants.

CHELONIA MIDAS

Die „Grüne Schildkröte" serviert costa-ricanische Küche und karibische Spezialitäten, auch Fischgerichte und gegrillte Langusten. *Tortuguero Village | 50 m östl. der Hauptanlegestelle | Tel. 27 09 80 83* | €

ÜBERNACHTEN

Umgeben von Wasser und Palmen und im landestypischen Stil – teilweise auf Stelzen errichtete Holzhäuser – liegen mehrere Lodges entlang der Lagunen und Kanäle von Tortuguero. Gewöhnlich bucht man seinen drei- bis viertägigen Aufenthalt inklusive Verpflegung und Angeln in den Reisebüros in San José. Der Transport erfolgt mit kleinen Flugzeugen oder über das Flusssystem ab Puerto Viejo de Sarapiquí. Die Lodges richten sich in erster Linie an Angler und sind (teilweise sehr) teuer. Wer individuell mit dem Boot anreist, findet in Parismina und Tortuguero einige einfache Pensionen.

CASA MARBELLA

Angenehmes B & B mit Veranda zur Lagune; der Besitzer bietet Bootstouren durch die Wasserstraßen im Dschungel. *5 Zi. | Tortuguero Village | Calle Principal (gegenüber der katholischen Kirche) | Tel. 27 09 80 11 | Fax 27 09 80 94 | http://casamarbella.tripod.com* | €

ILÁN-ILÁN

Dschungelhotel zwischen zwei Kanälen mit einem großen botanischen Garten und 80 000 m² tropischem Feuchtregenwald, zahlreiche Vogelarten. Mit Landepiste. *24 Zi. | auf der Halbinsel zwischen Tortuguero-Lagune und der Laguna Penitencia | Tel. 22 96 73 78 | Fax 22 96 73 72 | www.ilan-ilanlodge.com* | €€

PACHIRA LODGE

Beste Lage auf einer Landzunge gegenüber dem Dorf und beim Eingang zum Nationalpark: Die neue, komfortable Lodge bietet Übernachtung mit Verpflegung und unterschiedliche Exkursionen. Dazu gehören 14 ha Natur, mit der die einheimischen Guides vertraut machen. *88 Zi. | Tel. 22 23 16 82 | Fax 22 23 11 19 | www.pachiraalodge.com | €€€*

TORTUGA LODGE

Eine Anlage für Dschungelromantiker, palmblattgedeckt und in offener Bauweise, mit tropischen Zierpflanzen und Orchideen im Garten; Wanderpfad durch den Regenwald. *25 Zi. | 10 Bootsminuten vom Nationalpark auf der gegenüberliegenden Flussseite der Schildkrötenstation | Tel. 22 57 07 66 | www.tortugalodge.com | €€*

AUSKUNFT

TORTUGUERO INFORMATION CENTER

Tortuguero Village | Calle Principal (gegenüber der katholischen Kirche) | Tel. 27 09 80 15 | www.tortuguerovillage.com

ZIELE IN DER UMGEBUNG

BARRA DEL COLORADO ★ **[111 E2]**

Schildkröten sonnen sich am Ufer, handtellergroße Schmetterlinge und winzige Vögel flattern von Blüte zu Blüte, Kapuzineräffchen turnen durch die Bäume. 25 km nördlich von Tortuguero wartet ein zweites Urwaldsumpfgebiet auf Besucher, weniger bekannt und weniger besucht. Es besteht ebenfalls aus natürlichen Lagunen sowie Kanälen, die man vor mehr als 100 Jahren miteinander verband: ein Reservat im Mündungsgebiet des Río Colorado, das sich nach Norden bis Barra del Colorado nahe der Grenze zu Nicaragua erstreckt.

Das kleine Dorf Barra del Colorado wird von Schwarzen bewohnt, hat auch eine kleine Flugpiste und einen breiten, weißen Strand. Am Ortsrand beginnt der Dschungel. Die *Río Colorado Lodge (18 Zi. | Tel. 22 32 40 63*

> BLOGS & PODCASTS

Gute Tagebücher und Files im Internet

> ***www.costarica.com/blog*** – Eindrucksvolle Reisebeschreibungen zu diversen Themen und Aspekten bietet der Costa-Rica-Travel-Blog.

> ***www.costa-ricatravel.com/blog*** – Beschreibungen von (ausgefallenen) Touren und Naturlandschaften, untermalt von Reisetipps.

> ***http://katrinwagner.blogspot.com*** – Eine junge Deutsche berichtet über Costa Rica und ihre Erfahrungen in der freiwilligen Jugendarbeit.

> ***www.casaclarodeluna.com*** – Vielfältige Reiseberichte und -hinweise sowie Ratschläge von Costa-Rica-Insidern.

> ***http://blog.therealcostarica.com*** – Wer vorhat, sich in Costa Rica niederzulassen, wird hier fündig: eine Einführung in das Leben und den Alltag in Costa Rica.

> ***http://tiquicia-cr.blogspot.com*** – Interessante Blogsite mit anspruchsvollen Berichten von Reisen bis Politik.

> ***http://beachtalk.libsyn.com*** – US-amerikanische Einwanderer erläutern das Leben in den Stranddörfern von Guanacaste.

Für den Inhalt der Blogs & Podcasts übernimmt die MARCO POLO Redaktion keine Verantwortung.

| *Fax 22 31 59 87* | *www.riocolorado lodge.com* | *€€€)* liegt am Fluss und holt Gäste in San José ab; der Schwerpunkt liegt beim Angeln. Auch Bootsausflüge in den Dschungel. Individuelle Anreise: am stimmungsvollsten von Puerto Viejo Sarapiquí in drei- bis vierstündiger Bootsfahrt auf den Flüssen Sarapiquí, San Juan (Grenzfluss zu Nicaragua) und Colorado.

Von dort fahren Wassertaxis *(3 Euro, 15 Min.)* nach Parismina. Die Siedlung hat eine kleine Landepiste und liegt am Wasserweg zwischen Moín und Tortuguero. US-Amerikaner kommen zum Hochseeangeln. Von Januar bis Mai ist Saison für den *tarpón,* einen 2 m langen, 50 kg schweren Heringsfisch, der in riesigen Schwärmen vor der Küste auftaucht.

Das Lagunen- und Kanalsystem Tortugueros erkunden Sie am besten per Boot

Insider Tipp **PARISMINA** [111 F4]

Gut 20 km südöstlich von Tortuguero liegt an der Mündung des gleichnamigen Flusses die kleine Siedlung. Man erreicht Parismina mit dem Bus vom Gran Terminal Caribe in San José *(C. Central/Av. 10–11)* nach Siquirres. Dort geht man vom neuen Busbahnhof zum alten (200 m) und nimmt den Bus nach Caño Blanco.

In Parismina gibt es nur teure Lodges für Angler und einfache Unterkünfte für Natur- und Schildkrötenliebhaber: Das hübsche Gästehaus *Danilo's* Insider Tipp *(9 Zi.* | *Tel. 27 10 14 79* | *€)* liegt gegenüber der katholischen Kirche und bietet sehr preiswerte Zimmer. Infos über Aktivitäten und Touren mit einheimischen Führern auf *www.parismina.com.*

> DER RUF DER WILDNIS

Unterwegs per Auto, Bus und Kleinflugzeug, im Boot durch die Lagunen und mit der Seilbahn durch den Urwald

Die Touren sind auf dem hinteren Umschlag und im Reiseatlas grün markiert

1 DURCH NATIONALPARKS ZUR KARIBIK

Von San José aus lässt sich eine Tour mit öffentlichen Verkehrsmitteln an die Karibikküste unternehmen. Von der Hauptstadt fahren Sie mit dem Bus Richtung Guápiles zunächst durch die Cordillera Central Richtung Nordosten und zweigen dann ab auf die Straße 4 nach Puerto Viejo de Sarapiquí. Mit dem Motorboot gelangen Sie dann schließlich nach Barra del Colorado. Und zwischendrin gehts mit der Seilbahn ein kleines Stück durch die Wipfel des Urwalds. Für diese rund 200 km lange Tour sollten Sie mindestens fünf Tage veranschlagen.

Braulio Carrillo *(S. 42)* ist der am einfachsten mit öffentlichen Verkehrsmitteln erreichbare Nationalpark Costa Ricas. Schon nach einer knappen Stunde Fahrt erreicht der in San José (ab C. 12 zwischen den

Bild: Nationalpark Barra del Colorado

AUSFLÜGE & TOUREN

Avenidas 7 und 9) gestartete Bus den Parkeingang vor dem Zurquítunnel, knappe 2 km nach Passieren der Zahlstation.

Weiter geht die Fahrt Richtung Guápiles. Kurz nach Passieren des Tunnels überquert der Bus den **Río Sucio.** Beim „Schmutzigen Fluss“ bestaunen die Fahrgäste von der Brücke einen braunen Flusslauf, der mit einem grünblauen zusammentrifft. Wenige Minuten später (5 km nach der Brücke) liegt rechts die Zufahrt zur **Rain Forest Aerial Tramway** *(S. 41),* von den Einheimischen *teleférico* („Seilbahn“) genannt.

Wer sich über die Eigenarten des Ökosystems Regenwald informieren möchte, verlässt hier den Bus und unternimmt eine Schwebefahrt durch den Urwald. Zusammen mit An- und Abfahrt zur Seilbahn, 15-Minuten-Film zur Vorbereitung und 90-minütiger Fahrt durch den Dschungel sowie einer einstündigen Wanderung auf einem Lehrpfad dauert dieser Ausflug mindestens vier Stunden.

Anschließend stoppt ein Angestellter der Seilbahn den richtigen Bus für die Weiterfahrt. Bei Santa Clara zweigt links die Straße 4 zur Ortschaft **Puerto Viejo de Sarapiquí** *(S. 42)* ab. Sie ist Zentrum einer landwirtschaftlich geprägten Region. Wenn Sie sich im Braulio-Carrillo-Nationalpark oder bei der Regenwald-Seilbahn aufgehalten haben, sollten Sie in Puerto Viejo übernachten (ohne Stopp dauert die Busfahrt drei bis vier Stunden) und abends noch einen Drink in der *soda* am Hafen nehmen.

Per Boot geht es am nächsten Morgen zur Karibikküste. Wer dort eine Lodge reserviert hat, wird oft von den Gastgebern an der Mole in Puerto Viejo abgeholt. Anderenfalls verhandelt man über den Fahrpreis *(3,5 Std., ca. 250 US-$, bis zu zehn Personen pro Boot).*

Über den Río Sarapiquí, den Río San Juan, den Grenzfluss zu Nicaragua *(Pass erforderlich, Gebühr 9 US-$)* sowie den Río Colorado gelangen Sie zum **Nationalpark Barra del Colorado** *(S. 82)* an der nicaraguanischen Grenze: 120 Flusskilometer, die Einblick in eine besonders artenreiche Tierwelt gewähren: Affen, Krokodile, Leguane, Faultiere und Wasservögel bevölkern die Flüsse und angrenzenden Lagunen. Wer bis Mittag das Boot besteigt, trifft am Spätnachmittag in einer der Lodges von Barra del Colorado ein. Die nächsten Tage sind ausgefüllt mit Wanderungen und Kanutouren im 920 km² großen Nationalpark **Refugio Nacional de Vida Silvestre Barra del Colorado.**

Die Rückreise erfolgt per Kleinflugzeug nach San José. Diesen Service bieten mehrere kleine Fluggesellschaften. Die Betreiber der Lodges sind ihren Gästen bei der Buchung gern behilflich.

Der Pazifikstrand im Nationalpark Manuel Antonio ist das Ziel der zweiten Tour

2 VON SAN JOSÉ ZUM PAZIFIK

Nur 70 km Luftlinie trennen die Hauptstadt Costa Ricas vom Meer. Über Jacó und Parrita geht es am Pazifik entlang nach Quepos und zum Nationalpark Manuel Antonio. Übernachtet man in Bijagual, Jacó und Playa Esterillos, ist man am vierten Tag in Quepos. Zwei bis drei Tage Aufenthalt im Nationalpark und an seinen Stränden werden nicht langweilig.

Auf der Autobahn geht es von San José zunächst westlich durch das Valle Central, vorbei an Ciudad Colón, zur kleinen Stadt Orotina. Wenige Kilometer südlich von Orotina beginnt das Naturschutzgebiet **Reserva Biológica Carara** *(tgl. 8–16 Uhr)*, eine landschaftlich interessante Region im Übergang von Trocken- zu Feuchtvegetation. Jaguare, Pumas sowie Ozelote leben hier. Besucher bekommen aber eher Affen und Vögel zu Gesicht, darunter auch Riesenaras.

„Willkommen in Jacó", heißt es bald darauf. Die Strände der Pazifikküste sind von unterschiedlicher Qualität und Schönheit. **Playa de Jacó** *(S. 73)* verbreitet besonders an Wochenenden mittelamerikanische Partystimmung. Da die Wellen hoch und die Preise niedrig sind, ist Jacó auch für jüngere Windsurfer ein beliebtes Ziel. Die Gezeiten sind in Jacó recht ausgeprägt. Bei Ebbe finden sich im Schlick Muscheln und sogenannte Sanddollars. Jacó hat seinen Reiz, auch außerhalb der Saison und an Schlechtwettertagen, wenn Blitze über der Bucht zucken.

Wenige Kilometer weiter südlich treffen Sie auf **Playa Hermosa** und die **Playas Esterillos.** Individualisten sind begeistert von dem Surferstrand mit seinen kleinen, privat geführten Hotels. Da die Strömung teilweise tückisch ist und die Wellen hoch sind, ist dieser Strandabschnitt vom Tourismus bisher fast unberührt geblieben.

Weiter führt die Straße vorbei an Rinderfarmen und Palmenplantagen und überquert bei Parrita den gleichnamigen Fluss. Ölpalmenhaine prägen nun immer mehr die Landschaft – eine Monokultur; die Palmen dienen der Erzeugung von Palmöl.

Die Straße wendet sich für wenige Kilometer landeinwärts, bis sie am Ende einer weit geschwungenen Bucht auf **Quepos** *(S. 69)* trifft, das Ziel der Reise. Das lebhafte Städtchen gelangte durch seine Anziehungskraft auf Hochseeangler zu einem gewissen Wohlstand. Hauptattraktion ist jedoch der sich wenige Kilometer südlich anschließende **Nationalpark Manuel Antonio** *(S. 70)*. Eine schmale Straße windet sich von Quepos 7 km den Berg hinauf und wieder hinunter. Restaurants und Lodges liegen inmitten tropischer Gärten an den Berghängen beiderseits der Straße. Je weiter oben gelegen, desto schöner (und teurer) sind sie.

Tiefgrün schimmernde Hänge ziehen sich von der Bergkuppe hinunter zum Pazifik. Dort liegt die kleine Siedlung Manuel Antonio. Entlang der Uferstraße, die hier nur ein sandiger Weg ist, sitzen Langzeitreisende in den offenen Cafés beim späten Frühstück, indische Batiken und Amulette flattern im Wind. Barfuß watet man anschließend durch den Fluss, der den Ort vom Eingang zum Nationalpark trennt.

EIN TAG IN QUEPOS

Action pur und einmalige Erlebnisse.
Gehen Sie auf Tour mit unserem Szene-Scout

NERVEN AUS STAHLSEILEN

7:00

Zum Frühstück gibts eine Portion Adrenalin! Helm auf und anschnallen, denn nun geht es in die Höhe. Beim Canopy rauschen Erlebnishungrige am Stahlseil mit Highspeed durch die Baumkronen der Dschungelriesen! Auge in Auge mit wilden Tieren, müssen die Nerven mindestens so stark sein wie das Sicherungsseil. **WO?** *Iguana Tours | 65 US-$ | Anmeldung nötig unter Tel. 27 77 20 52 | www.iguanatours.com*

10:00

CHILL AND SURF

Vom Baum aufs Board und ab in die Wellen zu einer Surfstunde an der Playa El Rey. Mit dem Brett unter den Füßen fühlt sich auch jeder Anfänger wie der König der Meere. **WO?** *Manuel Antonio Surf School | Einzelstunden nach Vereinbarung | Kosten: ab 65 US-$ | Tel. 27 77 48 42 | www.masurfschool.com*

CARIBBEAN GOES JAPAN

13:00

Wenn der kleine und der große Hunger kommen, ist das frischeste Sushi der Stadt die perfekte Lösung. Im *Tropical Sushi* genießen Hungrige Maki und Nigiri zwischen bunten Wänden in tropischem Ambiente. **WO?** *Quepos | um die Ecke vom El Gran Escape | Tel. 27 77 03 95*

13:30

RELAXEN MIT STIL

Lautlos gleitet der Katamaran durch das Wasser, der Wind spielt im Haar, und Körper und Geist fahren auf Standby. Doch Flossen und Schnorchel warten schon ungeduldig auf ihren Einsatz. Mit einem Sprung in den Pazifik verstummt plötzlich die Welt, und Fischschwärme und andere Meeresbewohner übernehmen die Führung. **WO?** *Adrenaline Tours | Quepos | 70 US-$ | Anmeldung nötig: Tel. 27 77 01 17 | www.adrenalinetours.com*

24h

KROKO-WATCHING

17:00

Die Dämmerung bricht früh herein in Costa Rica, und mit ihr machen sich die tierischen Nachtschwärmer auf den Weg. Nur nicht über Bord gehen heißt es deswegen auf der Bootstour durch die Mangroven, denn Krokodile und andere gefräßige Wassertiere liegen auf der Lauer. **WO?** *Iguana Tours | Quepos | 60 US-$ | Abfahrt je nach Gezeiten | Anmeldung nötig unter Tel. 27 77 20 52 | www.iguanatours.com*

20:00

IN DEN ABEND SCHLÜRFEN

Die Wellen rauschen, das Mondlicht spiegelt sich im Meer, und die Piña Colada aus einer Ananas schmeckt herrlich. *Ronnys Place* ist der perfekte Ort, um die Abenteuer des Tages Revue passieren zu lassen und sich auf eine aufregende Nacht einzustimmen. Übrigens: Die hausgemachte Sangria gilt als die beste des Landes! **WO?** *Straße zum Manuel-Antonio-Nationalpark | Quepos | Tel. 27 77 51 20 | www.ronnysplace.com*

FLYING DINNER

21:00

Achtung, Zeitreise: Wie in einer anderen Welt fühlt man sich in der *Fairchild C-123!* Das amerikanische Militärfrachtflugzeug wurde zu einem Restaurant umfunktioniert und lockt die Partypeople an. Bei Livemusik und in spektakulärem Ambiente stärken sich die Nachtschwärmer. **WO?** *Straße nach Manuel Antonio gegenüber Casitas Eclipse Quepos | Tel. 27 77 05 84 | www.elavion.net*

23:00

DANCE THE NIGHT AWAY

Nicht zu lange warten, denn sonst ist die *Republic Lounge* schon voll. Die moderne Bar ist der neue Geheimtipp von Quepos – von überall her kommen Nachtschwärmer, um zu tanzen und zu chillen. Also nichts wie rein, an der Bar einen Drink holen und dem coolen Sound lauschen. **WO?** *Im Zentrum von Quepos*

> AUF ZWEI OZEANEN UND IM DSCHUNGEL

Zwei Küsten und zahlreiche Flüsse laden zum Wassersport, und die Naturparks sind eine Herausforderung nicht nur für Wanderer

> Costa Rica ist ein ideales Ziel für sportlich interessierte Naturfreunde. Ob Trekking durch den Regenwald, Kajaktouren und Riverrafting in wild strömenden Flüssen, Ausritte über schwarz schimmernden Lavastrand oder Tauchgänge zwischen Schildkröten und Barrakudas: Das Angebot ist groß und preislich stets moderat. Atlantik- und Pazifikküste bieten darüber hinaus hervorragende Bedingungen für Wassersport. Einzigartig sind Costa Ricas Nationalparks, die man auf zahlreichen Wegen kennenlernen kann. 20 kleinere Tourismusanbieter haben sich zum *Turismo Rural Comunitario* Insider Tipp *(Tel. 22 48 94 70 | www.actuarcostarica.com)* zusammengeschlossen und bieten Ökourlaub und -touren an.

ANGELN

Beide Küsten des Landes eignen sich für das Hochseeangeln, hier werden laufend (Gewichts-)Rekorde gebro-

SPORT & AKTIVITÄTEN

chen. Was wird gefangen? Hauptsächlich Marlin, *sailfish* (Fächerfisch), *tarpón* (Heringsfisch), *snook* bzw. *róbalo* (Wolfsbarsch), *snapper* (Schnapper) und *grouper* (Zackenbarsch). Costa Rica bietet Hochseeanglern eine hervorragende Infrastruktur. In rund 40 Häfen und Fischerdörfern halten Ausrüster Boote, Angeln und Köder bereit, bieten Veranstalter Ausflüge vom kurzen Angeltörn bis zur mehrtägigen -tour.

CANOPY TOURS

Ein tarzanähnliches Feeling zwischen Baumhaus und Lianen bekommt, wer eine der sich in Costa Rica rasant vermehrenden *canopy tours* besucht. Über ein System von Hängebrücken spaziert man durch die Baumwipfel im Regenwald oder gleitet an Stahlseilen angeschnallt durch die Natur, die dadurch allerdings zunehmend verschandelt wird. Mittlerweile gibt es mehr als 100 Anbieter.

GOLF

Golf in den Tropen? Besonders schön wegen der Artenvielfalt der Pflanzen, sagen Kenner. Spielt man gleich nach Sonnenaufgang, hat man ein angenehmes Klima mit schönem Licht und höchstens Vögel als Begleiter. Das Land besitzt fünf Golfplätze; der schönste ist der *CariariCountry Club (18 Löcher, Par 71, 6260 m | Tel. 22 93 32 11)* des Hotels Meliá Cariari bei San José. Informationen u. a. auf den Websites *www.golfincostarica.com* und *www.golfcostarica.com*.

MOTORRADTOUREN

Insider Tipp

Nach einer geführten, ein- bis dreitägigen Motorradtour verspürt man Lust auf einen individuellen Törn: Motorräder ab 55 US-$ pro Tag bzw. 350 US-$ pro Woche bietet der deutschsprachige Veranstalter *Wild Rider (San José | Paseo Colón/C. 32, gegenüber KFC | Tel. 22 58 46 04 | www.wild-rider.com)* an.

REITEN

Zahlreiche Hotels und Ranches halten gepflegte und artgerecht gehaltene Pferde bereit und bieten geführte Ausritte durch das Land. Tiere, die den ganzen Tag traurig am Strand in der Sonne herumstehen und für 10 US-$ pro Stunde vermietet werden, sollten Sie besser meiden.

RIVERRAFTING & KAJAK

Wildwasserfahrten sind in vielen Landesteilen möglich. Ein erfahrener Skipper steuert das Schlauchboot mit vier bis acht Passagieren über Stromschnellen und kleine Wasserfälle, bei mehrtägigen Touren wird am Flussufer gezeltet. Man kann je nach Alter und Erfahrung zwischen unterschiedlich schwierigen Abschnitten wählen, selbst für Kinder geeignete Touren werden angeboten. Ein empfehlenswerter Anbieter ist z. B. *Ríos Tropicales* in San José *(C. 38 Nr. 351 | Tel. 22 33 64 55 | www.riostropicales.com)*.

SURFEN

Gesurft wird am Atlantischen ebenso wie am Pazifischen Ozean. Am Pazifik empfiehlt sich der Strand von Jacó für Anfänger, da man dort Sportgeräte leihen kann und eine Aufsicht vorhanden ist. Fortgeschrittene gehen zu den Stränden von Nosara, Tamarindo oder Sámara. Am Atlantik sieht man begeisterte Surfer vor allem vor Puerto Viejo de Talamanca und Punta Uva.

Ob am Strand oder im Landesinneren: Reitgelegenheiten finden Sie in allen Teilen des Landes

SPORT & AKTIVITÄTEN

TAUCHEN & SCHNORCHELN

An der nördlichen Westküste des Landes ragen die Vulkansteininseln Islas Catalinas 30 m steil aus dem sandigen Meeresboden. Hier sieht man u. a. Rochen, Barrakudas, Haie, Muränen und Schildkröten. Insider Tipp *Costa Rica Diving (Playa Flamingo | 450 m vor der Kreuzung Flamingo/Potrero | Tel. 26 54 41 48 | www.costarica-diving.com),* eine Tauchschule mit Ausrüstung und Ausbildung zum Tauchschein (auch in Deutsch und Englisch), bietet begleitete Tauchgänge zu 30 verschiedenen Tauchplätzen in 15–30 m Tiefe (Sichtweite bis 30 m) an. Zum Schnorcheln sind die Korallenriffe der Atlantikseite am geeignetsten, etwa bei Manzanillo, Puerto Viejo de Talamanca und Cahuita. Aber auch die Strände am Pazifik laden zum Schnorcheln ein, gibt es zwischen den sandigen Abschnitten doch immer wieder Felseinschübe, die Fischen und Schaltieren als Lebensraum dienen.

TREKKING

Will man abseits der Pfade von Manuel Antonio und Monteverde durch die Natur wandern, eignet sich vor allem der Nationalpark Rincón de la Vieja. Ein Anbieter für Touren ist z. B. *Aventuras Tierra Verde (Ciudad Colón | Tel. 22 49 23 54 | www.in-costa-rica.de).*

ULTRALEICHTFLIEGEN

Ein schnurrender Propeller zieht das superleichte Gefährt über Wälder und Strände. Ein erfahrener Pilot fliegt das Gerät und setzt es mit seinen drei Gummirädern sanft auf den Strand der Playa Buena Vista (6 km von Sámara) auf der Halbinsel Nicoya. Insider Tipp *Flying Crocodile Lodge & Flying Center | Bahía Montereyna | Tel. 26 56 80 48 | www.flying-crocodile.com*

VOGELBEOBACHTUNG

Das Birdwatching in den Wäldern und Nationalparks Costa Ricas gewinnt immer mehr Anhänger. Einige Hotels, die an Naturparks oder Reservate grenzen, bieten Programme zur Vogelbeobachtung. Am auffälligsten sind der Tukan mit seinem gewölbten Schnabel, der leuchtend rote Ara und die vielen Kolibriarten. Gut geeignet für ornithologische Studien sind u. a. die *Purruja Lodge (Tel. 27 75 10 54 | www.purruja.com)* in Golfito und der *Children's Rainforest in Monteverde.*

WINDSURFEN

An der Laguna de Arenal mit ihren beständigen Brisen haben sich spezielle Unterkünfte für Windsurfer etabliert. Auch der Lago de Coter nebenan zieht viele Surfer an. Am Pazifik trifft man Windsurfer an den Stränden Tambor, Flamingo, Potrero und Tamarindo sowie am Golfo Dulce.

FÜR KINDER HEISST ES ¡BIENVENIDOS!

In Costa Rica ist das Reisen mit Kindern eine Freude – nicht nur am Strand und wegen der Affen beim Frühstück

> Costa-Ricaner sind kinderlieb, haben selbst viele Kinder und integrieren diese überall problemlos in den Alltag. Selbst kleine Hotels verfügen meist über einen Pool. Da deren Wasserqualität mitunter nicht die beste ist und es zu Infektionen kommen kann, sollten Kinder aber lieber Ohrstöpsel tragen.

Die Affen, die überall in den Bäumen herumturnen, sind für Kinder eine große Freude, weil sie nahe herankommen und sich auch füttern lassen. Wenn die Tiere jedoch nicht genügend oder das, was sie wollen, bekommen, können sie aggressiv werden und beißen und kratzen. Eltern sollten daher das Füttern beaufsichtigen oder besser ganz unterlassen.

Ein beträchtlicher Teil der Mittelklassehotels des Landes befindet sich in Händen europäischer oder US-amerikanischer Besitzer. Sie sind gut organisiert, etwas teurer als die einheimischen Hotels und werden von Touristen – u. a. wegen der leichteren sprachlichen Verständigung – oft bevorzugt. Insider Tipp Wer mit Kindern reist, sollte, wann immer möglich, die Hotels der *ticos* besuchen: Dort werden die Kleinen wesentlich herzlicher aufgenommen und umsorgt.

ZENTRALE HOCHEBENE

MUSEO DE LOS NIÑOS [U D2] Insider Tipp

Das interaktive „Kindermuseum" in San José bietet in 33 Räumen und im Außenbereich viele Attraktionen und Aktivitäten. Kinder erleben unter anderem eine Milchfarm, ein Erdbeben, das Funktionieren eines Orchesters und die Raumfahrt. *Di–Fr 8–16, Sa/So 10–17 Uhr | 2 US-$, Kinder 1,25 US-$ | C. 4/Av. 9 | www.museocr.com*

RAIN FOREST AERIAL TRAMWAY [111 D5]

Ab fünf Jahren dürfen Kinder in Begleitung Erwachsener zwischen den Baumkronen des Regenwalds schweben. Zuvor bekommt man per Video gezeigt, was einen erwartet – doch die Wirklichkeit ist noch viel aufregender. *Tgl. 8–16 Uhr | 55 US-$, Kinder 27,50 US-$ | zwischen San José und Guápiles, 5 km nach dem Río Sucio | www.rainforestrams.com*

> MIT KINDERN UNTERWEGS

SPIROGYRA BUTTERFLY GARDEN (JARDÍN DE MARIPOSAS) [U E2]

Etwas kleiner als die anderen Schmetterlingsfarmen im Land – dabei jedoch genauso vielfältig –, ist der Butterfly Garden in der Hauptstadt daher für den Besuch mit Kindern besonders geeignet. *Tgl. 8–16 Uhr | 6 US-$, Kinder 3 US-$ | 50 m östl./150 m südl. des El Pueblo Shopping Center | www.infocostarica.com/butterfly*

TICO TRAIN TOUR [U D4]

Auch kleinere Kinder haben ihr Vergnügen an dieser Eisenbahnfahrt von San José hinunter an die Pazifikküste: Unterwegs gibt es viel zu sehen, und im Abteil geht es laut und fröhlich zu. An der Küste, in *Puerto Caldera,* hat man dann vier Stunden Zeit zum Baden, Sandburgenbauen, Eisessen oder auch für eine kostenlose Busfahrt nach Puntarenas – dann geht es zurück. *Sa/So 7–20 Uhr | 39 US-$ hin und zurück | America Travel | Estación al Pacífico | Av. 20/C. 2 | www.ticotraintour.com*

DER NORDWESTEN

EL BOSQUE ETERNO DE LOS NIÑOS (CHILDREN'S ETERNAL RAIN FOREST) [109 E4]

International bekannt wurde das Dschungelgebiet in Monteverde 1986 durch das Projekt „Kinderregenwald", eine Aktion, bei der Schulkinder aus 44 Ländern Geld sammelten. Im Kinderregenwald gibt es u. a. ein kindgerechtes Besucherzentrum und einen Kinderlehrpfad. *Tgl. 8–16 Uhr | 8 US-$, Kinder frei | Eingang „Bajo del Tigre" | 3,5 km südöstl. von Santa Elena an der Straße nach Monteverde | www.acmcr.org*

PAZIFIKKÜSTE

PARQUE MARINO DEL PACÍFICO [109 E6]

Bildung anschaulich verpackt: Auf die zukünftigen „Meeresbiologen" warten in Puntarenas eine Krokodilkinderstube, viele Schildkröten und tropische Fische. Dazu gibt es fachkundige Erklärungen. *Di–So 9–17 Uhr | 7 US-$, Kinder 4 US-$ | alter Bahnhof | 500 m östl. der Mole für Kreuzfahrtschiffe | www.parquemarino.org/english/acuario.htm*

> VON ADRESSEN BIS ZOLL

Urlaub von Anfang bis Ende: die wichtigsten Adressen und Informationen für Ihre Costa-Rica-Reise

ADRESSEN

Es gibt nicht immer Straßennamen, dann heißt es z. B. „100 m südlich des xy-Parks“. Hausnummern sind fast unbekannt, man gibt die Ecke an: Av. 4/C. 5, d. h. Avenida 4, Ecke Calle 5, oder schreibt z. B. C. 2/Av. 2–4 (noch kürzer: c2, a2/4): „2. Straße zwischen den Avenidas 2 und 4“. Im Übrigen herrschen Postfachangaben *(apartado, apto, apdo)* vor.

ANREISE

Condor *(www.condor.de)* fliegt zweimal wöchentlich von Frankfurt via Santo Domingo nach San José. Linienflüge von Europa nach San José bieten täglich Iberia *(www.iberia.de)* von Frankfurt und Zürich (über Madrid), KLM *(www.klm.com)* von Frankfurt, München und Wien (über Amsterdam), British Airways von mehreren Städten (über London) und Martinair *(www.martinair.nl)* von Amsterdam über Miami. Rückflugtickets werden ab 700 Euro angeboten. Die Flugzeit von Frankfurt beträgt mit Umsteigen 13–18 Stunden.

Das Flughafentaxi (orange, Ticket am Schalter in der Ankunftshalle) nach San José kostet 8 bis 18 Euro, nach Heredia 10 und nach Alajuela 4 Euro, mit dem Bus (dann müssen Sie schon auf dem Flughafen Geld in Colones tauschen!) kostet es weniger als 1 Euro.

PRAKTISCHE HINWEISE

AUSKUNFT

Costa Rica unterhält kein Informationsbüro in Europa. Touristische Informationen erteilt die *Botschaft von Costa Rica (Dessauer Str. 28–29 | 10963 Berlin | Tel. 030/26 39 89 90 | www.botschaft-costarica.de)*. Die offiziellen costa-ricanischen Fremdenverkehrsinstitutionen ICT (Instituto Costarricense de Turismo) und Canatur (Cámara Nacional de Turismo) betreiben nur wenige Informationsbüros in Costa Rica. In vielen Fällen haben Reisebüros und Reiseveranstalter diese Funktion übernommen. Die Zentrale des ICT residiert in San José: *apdo 777 | Av. 4/C. 5–7, 11. Stock | Tel. 00506/22 23 17 33*

AUTO

Für Urlauber reicht der nationale Führerschein. Bei Fahrten abseits der Hauptstraßen und in Nationalparks ist ein Wagen mit Vierradantrieb *(doble tracción)* erforderlich. Die Straßen sind oft in sehr schlechtem Zustand, teilweise sogar gefährlich. Hinweisschilder fehlen, und die *ticos* fahren riskant. Im Dunkeln sollte man nicht unterwegs sein. Tempolimit: 80 km/h, auf der Straße San José–Puerto Limón 90 km/h.

BANKEN & GELDWECHSEL

Costa Ricas Währung ist der Colón (mit 100 Céntimos), der unter starker Inflation leidet. Preisangaben erfolgen daher in US-Dollar, zunehmend auch im Land, wo Letzterer fast zur zweiten Währung wurde und die Grundlage der Wechselkurse bildet. Geldwechsel ist nur in Banken und autorisierten Hotels (dort wesentlich schneller!) sowie *casas de cambio* und Reisebüros möglich; der existierende Schwarzmarkt ist illegal. Banken sind Mo bis Fr von 9 bis 15 Uhrgeöffnet. Kreditkarten (Visa, Amex) sind weit verbreitet. Rücktausch von Colones in US-$ nur bis 50 $. Den aktuellen Kurs erfahren Sie z. B. unter www.oanda.com.

WAS KOSTET WIE VIEL?

> KAFFEE	UM 50 CENT	für einen Nescafé
> IMBISS	1,50 EURO	für ein *gallo*
> BIER	1,30 EURO	für eine Flasche
> HÄNGEMATTE	15–20 EURO	für eine Baumwoll-*hamaca*
> BENZIN	UM 0,72 EURO	für 1 l Normalbenzin
> NATIONALPARK	5–7 EURO	für den Eintritt

CAMPING

Die Verwaltung der Nationalparks hält eine Broschüre über Campingmöglichkeiten in den Naturschutzgebieten bereit. Auch das ICT verfügt über eine Liste. Jedoch wird das Zelten in Nationalparks zunehmend eingeschränkt, dafür entstehen – vorwiegend an Stränden – immer mehr private Plätze.

DIPLOMATISCHE VERTRETUNGEN

DEUTSCHE BOTSCHAFT IN SAN JOSÉ

Torre La Sabana, 8° piso, del ICE Sabana Norte 300 m al oeste | Tel. 290 90 91 | Fax 231 64 03 | www.san-jose.diplo.de

ÖSTERREICHISCHES GENERALKONSULAT IN SAN JOSÉ

Centro Corporativo la Nunciatura | Rohrmoser | von der Librería Internacional 100 m südl. | Tel. 22 91 61 42

SCHWEIZER BOTSCHAFT IN SAN JOSÉ

Edificio Centro Colón, Paseo Colón/C. 36–38| Tel. 221 48 29 | Fax 255 28 31

EIN- & AUSREISE

Bei der Einreise benötigen Deutsche, Österreicher und Schweizer für einen Aufenthalt bis zu drei Monaten nur einen Reisepass, der noch sechs Monate gültig ist, und ein Rückflugticket. Bei der Ausreise ist eine Flughafensteuer von 26 US-$ zu bezahlen.

GESUNDHEIT

Costa Rica ist weitgehend frei von epidemischen Krankheiten, die ärztliche Versorgung in der Hauptstadt ist vorzüglich. Im Notfall: *Clínica Bíblica | Av. 14/C. Central–1 | Tel. 25 22 10 00 | www.clinicabiblica.com.* Impfungen sind nicht vorgeschrieben. Ein Malaria- sowie Dengue-Fieber-Risiko besteht in den Küstengebieten und in Regionen unter 600 m. Man schützt sich durch entsprechende Kleidung, Insektenschutzmittel und ein Moskitonetz. Die Wasserwerke warnen vor dem Trinkwasser außerhalb von San José. Deshalb: Eiswürfel vermeiden und auf Mineralwasser ausweichen.

INLANDSFLÜGE

Die nationale Fluggesellschaft *Sansa Air* fliegt mit Propellermaschinen (Tickets ca. 65 US-$) von einem Flug-

> PARADIES FÜR AUSSTEIGER

„Ich-AGs" zivilisationsmüder Europäer und Amerikaner

In den letzten zwei Jahrzehnten sind zahlreiche Besucher des Landes nicht wieder nach Hause gefahren. Sie stammen aus Europa oder Nordamerika und haben sich in Costa Rica Grundstücke gekauft und eine Einkunftsquelle geschaffen: ein kleines Hotel, ein paar Gästebungalows, ein Restaurant, eine Tauch-, Reit- oder Flugschule oder gar ein ganzes Naturschutzgebiet mit Erlebnistouren. Mittlerweile gibt es sogar Grundstücksvermittlung und PR-Aktivitäten. Schwerpunkte sind Cahuita und Puerto Viejo an der Karibikküste, Playa Sámara im Norden und Golfito im Süden. Und der Norden der Pazifikküste ist das neue Zuhause nordamerikanischer Senioren.

platz neben dem internationalen Flughafen Juan Santamaría, Büro in San José: *C. 24/Paseo Colón–Av. 1 | Tel. 22 21 94 14 | www.flysansa.com*. Auch die private *Nature Air* bietet 17 Inlandsflugverbindungen: *Aeropuerto Nacional Tobías Bolaños in Pavas 4 km westl. von San José | Tel. 22 99 60 00 | www.natureair.com*. Buchung auch online mit Kreditkarte.

INTERNET

– *www.visitcostarica.com* (deutsch, Website des Instituto Costarricense de Turismo)
– *www.costaricabureau.com* (englisch, ausführliche Website von Tourismusanbietern für Hotels, Touren, Sport u. a. mit Reservierung)
– *www.centralamerica.com* (englisch, hauptsächlich Hotels, Veranstalter, Autovermieter)
– *www.whereincostarica.com* (englisch, Hinweise auf Veranstaltungen, Sport, Wetter und mehr)
– *www.centralamerica-tourism.com* (deutsch, private Allianz von Hotels, Autovermietern, Reiseagenturen etc.)
– *www.costa-rica.de* (deutsch, Politik, Kultur, Hintergrundwissen, praktische Infos)
– *www.ticotimes.net* (englischsprachige Onlineausgabe der Wochenzeitung mit touristischen Neuigkeiten)

INTERNETCAFÉS & WLAN

WLAN ist in Costa Rica – es heißt dort *wifi (wireless fidelity)* – noch nicht weit verbreitet; doch die Entwicklung ist schnell, fast täglich kommen neue hinzu. Ein Verzeichnis von Internetcafés finden Sie unter *www.cybercafes.com,* von WLAN-Plätzen unter *www.hotspot-locations.com.*

– *Liberia: Cyberm@nía | Parque Central | Costado Norte | Local 10 | Tel. 26 66 72 40 | www.cibermania.net*
– *Puerto Viejo de Talamanca: Atec | Calle Principal | Tel. 27 50 01 91 | www.ateccr.org*
– *San José: Internet Café Costa Rica | Paseo Colón | Centro Colón (2. Stock) | Tel. 22 21 31 21*

JUGENDHERBERGEN

Der RECAJ (Red Costarricense de Albergues Juveniles, Costa Rica Hostelling International) sind zwölf jugendherbergsähnliche Unterkünfte, Lodges und Hotels angeschlossen. Die Übernachtungspreise variieren zwischen 10 und 20 US-$, Ermäßigung mit JH-Ausweis. Ein Verzeichnis erhält man in San José im Albergue Juvenil Toruma. Auskunft: *RECAJ | P. O. Box 1355 | 1002 San José | Tel./Fax 22 24 40 85*

WÄHRUNGSRECHNER

€	CRC	CRC	€
1	844	1000	1,19
2	1688	2000	2,37
3	2532	2500	2,96
4	3375	3000	3,56
5	4219	4000	4,74
6	5063	5000	5,93
7	5907	7000	8,30
8	6751	8000	9,48
9	7595	9000	10,67

KLIMA & REISEZEIT

Die Temperaturen sind über das Jahr ungefähr gleich hoch. Im Hochland liegt die Durchschnittstemperatur um 22 Grad, an den Küsten geht sie bis 30 Grad. Eine Trockenzeit gibt es im Hochland und an der Pazifikseite von

November bis April. Hauptsaison ist daher von Dezember bis März mit Spitzen zu Weihnachten und Ostern. Costa Ricas Regenzeit reicht von Mai bis Oktober. Meist regnet es nur am Nachmittag, dann jedoch heftig. In dieser Zeit ist es schwül, und es sind weniger Touristen unterwegs. An der Karibikseite muss man auch während der Trockenzeit mit Regenschauern rechnen. Wale erreichen im Januar die Pazifikküste, viele Vögel brüten im März/April und sind dann leichter zu erspähen. Orchideen blühen im März, und Schildkröten schwimmen zwischen Juli und Oktober zur Eiablage an den Strand.

MIETWAGEN

Ab 45 US-$ pro Tag (ohne Steuern und Versicherung), ein Range Rover kostet das Doppelte. Alle Mängel werden in eine Checkliste eingetragen, die Sie genau prüfen sollten; bei der Rückgabe werden gern Kratzer und Dellen berechnet. Empfehlenswert ist *Payless Rent a Car* mit Büros am *Flughafen*, in *San José (C. 10/Av. 13–15 | Tel. 22 57 00 26| www.paylesscr.com), Puntarenas, Jacó* und *Quepos. Adobe Cars (Tel. 22 58 42 42| www.adobecar.com)* unterhält acht Vermietstationen, auch Wagen mit Vierradantrieb.

NATIONALPARKS

Bei Wanderungen in den Nationalparks sind oft Gummistiefel und eine Regenjacke vonnöten. Fernglas nicht vergessen! Der Eintritt für die staatlichen Parks beträgt 7–10 US-$. Im Nationalparkbüro in San José *(SINAC | C. 25/Av. 8–10)* sowie in Hotels erhält man ein Sammelticket für vier Parks für 20 US-$. Nationalpark-Hotline: *Tel. 192* | Website: *www.sinac.go.cr*

NOTRUF

Allgemeiner Notruf (auch in Englisch) *Tel. 911*. Rotes Kreuz: *Tel. 128*

ÖFFENTLICHE VERKEHRSMITTEL

Busse fahren von San José in alle Orte und Landesteile. Sie sind außergewöhnlich preiswert, am Wochenende aber oft überfüllt. Die privaten Gesellschaften unterhalten eigene Bahnhöfe (in San José mehr als zehn), über deren Lage und Ziele ein Busplan (erhältlich beim ICT und in Hotels) Auskunft gibt. Noch besser ist die beim ICT erhältliche Broschüre „Pocket Traveler's Guide". Für Fernverbindungen und Reisen am Wochenende sollte man sein Ticket im Voraus kaufen. Das private Busunternehmen Interbus *(www.interbusonline.com)* verkehrt mit sechs- bis zwölfsitzigen Kleinbussen täglich in alle Touristenorte, auch von Hotel zu Hotel.

Insider Tipp

Zahlreiche Fähren verkehren im Golf von Nicoya und über die Mündung des Río Tempisque. Im Süden wichtige Verbindung von Golfito nach Puerto Jiménez auf der Halbinsel Osa sowie Fährboot nach Rincón.

Taxis sind an ihrer roten Farbe zu erkennen. Die Preise sind moderat, wenn das Taxameter *(maría)* eingeschaltet wird. Sonst ist der Preis vorher auszuhandeln, Hinweise dazu im Hotel.

POST

Das Porto für Brief bzw. Postkarte mit Luftpost nach Europa betrug bei Redaktionsschluss 190 bzw. 165 Colones.

PRAKTISCHE HINWEISE

SICHERHEIT

Das Auswärtige Amt *(www.auswaertiges-amt.de)* warnt vor Dieben und Raub in Touristenzentren und auf Touristenrouten, besonders vor Überfällen in San José (Zentrum und Busbahnhöfe) und Limón. Busreisende sollten die Dunkelheit meiden.

STROM

Netzspannung 110 Volt, US-Flachstecker.

TELEFON & HANDY

Öffentliche Telefone finden Sie überall, auf dem Land oft in Hotels, Restaurants, Geschäften. Man benutzt Telefonkarten (500/1000/3000 Colones). In Costa Rica gibt es keine Vorwahlen. Drei Minuten nach Europa kosten rund 1,50 Euro, vom Hotel ist es ca. 30 Prozent teurer. Die Vorwahl nach Costa Rica ist *00506,* von Costa Rica nach Deutschland *0049,* nach Österreich *0043,* in die Schweiz *0041.*

Die meisten Anbieter haben Roamingverträge mit dem costa-ricanischen Provider I.C.E.. Prepaidkarten sind für Touristen bisher nicht erhältlich. Beim Mieten eines Handys sind 100–200 US-$ Kaution zu hinterlegen.

TRINKGELD

Im Restaurant ist Service in der Rechnung enthalten, deswegen geben Costa-Ricaner meistens kein Trinkgeld; von Touristen wird dies jedoch immer häufiger erwartet. Zimmermädchen sollten ungefähr 300 Colones pro Nacht erhalten, Gepäckträger 200 pro Gepäckstück.

ZEIT

MEZ minus sieben Stunden, während der Sommerzeit in Europa minus acht Stunden.

ZOLL

Bei Einreise sind 500 Zigaretten und 3 l alkoholische Getränke sowie Dinge für den persönlichen Bedarf zollfrei, bei Wiedereinreise in die EU u. a. 200 Zigaretten, 1 l Spirituosen, 500 g Kaffee, sonstige Waren bis zu einem Wert von 430 Euro.

WETTER IN SAN JOSÉ

	Jan.	Feb.	März	April	Mai	Juni	Juli	Aug.	Sept.	Okt.	Nov.	Dez.
Tagestemperaturen in °C	24	24	26	27	27	27	26	26	27	26	25	24
Nachttemperaturen in °C	14	14	15	16	16	16	16	16	16	15	15	15
Sonnenschein Std./Tag	7	8	8	7	5	4	4	4	5	4	4	6
Niederschlag Tage/Monat	1	0	1	4	17	20	18	19	20	22	14	4

> ¿HABLAS ESPAÑOL?

„Sprichst du Spanisch?" Dieser Sprachführer hilft Ihnen, die wichtigsten Wörter und Sätze auf Spanisch zu sagen

Aussprache

Zur Erleichterung der Aussprache:

c	vor „e" und „i" stimmloser Lispellaut stärker als engl. „th"
ch	stimmloses „tsch" wie in „tschüss"
g	vor „e, i" wie deutsches „ch" in „Bach"
gue, gui/que, qui	das „u" ist immer stumm, wie deutsches „g"/„k"
j	immer wie deutsches „ch" in „Bach"
ll, y	wie deutsches „j" zwischen Vokalen. Bsp.: Mallorca
ñ	wie „gn" in „Champagner"

AUF EINEN BLICK

Ja./Nein.	Sí./No.
Vielleicht.	Quizás./Tal vez.
In Ordnung./Einverstanden!	¡De acuerdo!/¡Está bien!
Bitte./Danke.	Por favor./Gracias.
Vielen Dank!	Muchas gracias.
Gern geschehen.	No hay de qué./De nada.
Entschuldigung!	¡Perdón!
Wie bitte?	¿Cómo dice/dices?
Ich verstehe Sie/dich nicht.	No le/la/te entiendo.
Ich spreche nur wenig …	Hablo sólo un poco de …
Können Sie mir bitte helfen?	¿Puede usted ayudarme, por favor?
Ich möchte …	Quiero …/Quisiera …/ Me gustaría …
Das gefällt mir (nicht).	(No) me gusta.
Haben Sie …?	¿Tiene usted …?
Wie viel kostet es?	¿Cuánto cuesta?

KENNENLERNEN

Guten Morgen!	¡Buenos días!
Guten Tag!	¡Buenos días!/¡Buenas tardes!
Guten Abend!	¡Buenas tardes!/¡Buenas noches!
Hallo! Grüß dich!	¡Hola! ¿Qué tal?
Ich heiße …	Me llamo …
Wie ist Ihr Name, bitte?	¿Cómo se llama usted, por favor?
Wie geht es Ihnen/dir?	¿Cómo está usted?/¿Qué tal?
Danke. Und Ihnen/dir?	Bien, gracias. ¿Y usted/tú?

SPRACHFÜHRER SPANISCH

Auf Wiedersehen!	¡Adiós!
Tschüss!	¡Adiós!/¡Hasta luego!
Bis morgen!	¡Hasta mañana!

UNTERWEGS

AUSKUNFT

links/rechts	a la izquierda/a la derecha
geradeaus	todo seguido/derecho
nah/weit	cerca/lejos
Wie weit ist das?	¿A qué distancia está?
an der Ampel	en el semáforo
an der nächsten Ecke	en la primera esquina
Bitte, wo ist …	Perdón, ¿dónde está …
… der Busbahnhof?	… la estación de autobuses?
… die Haltestelle?	… la parada?
Fahrplan	horario
Eine Fahrkarte nach … bitte.	Un billete para …, por favor.
Ich möchte hier aussteigen.	Quiero bajar aquí.
Ich möchte … mieten.	Quisiera alquilar …
… ein Auto …	… un carro.
… ein Boot …	… una barca/un bote/un barco.

PANNE

Ich habe eine Panne.	Tengo una avería.
Würden Sie mir bitte einen Abschleppwagen schicken?	¿Puede usted enviarme un cochegrúa, por favor?
Gibt es hier in der Nähe eine Werkstatt?	¿Hay algún taller por aquí cerca?

TANKSTELLE

Wo ist bitte die nächste Tankstelle?	¿Dónde estála gasolinera más cercana, por favor?
Ich möchte … Liter …	Quisiera … litros de …
Voll tanken, bitte.	Lleno, por favor.

UNFALL

Hilfe!	¡Ayuda! / ¡Socorro!
Achtung!	¡Atención!
Rufen Sie bitte schnell …	Llame enseguida …
… einen Krankenwagen.	… una ambulancia.

… die Polizei. / … a la policía.
… die Feuerwehr. / … a los bomberos.
Haben Sie Verbandszeug? / ¿Tiene usted botiquín de urgencia?
Geben Sie mir bitte Ihren Namen und Ihre Anschrift. / ¿Puede usted darme su nombre y dirección?

ESSEN & TRINKEN

Wo gibt es hier … / ¿Dónde hay por aquí cerca …
… ein gutes Restaurant? / … un buen restaurante?
… ein nicht zu teures Restaurant? / … un restaurante no demasiado caro?
Reservieren Sie uns bitte für heute Abend einen Tisch für vier Personen. / ¿Puede reservarnos para esta noche una mesa para cuatro personas?
Die Speisekarte, bitte. / El menú, por favor.
Könnte ich bitte … haben? / ¡Tráigame …, por favor!
… ein Messer / … un cuchillo
… eine Gabel / … un tenedor
… einen Löffel / … una cuchara
Auf Ihr Wohl! / ¡Salud!
Bezahlen, bitte. / ¡La cuenta, por favor!

EINKAUFEN

Wo finde ich … / Por favor, ¿dónde hay …
… eine Apotheke? / … una farmacia?
… eine Bäckerei? / … una panadería?
… ein Fotogeschäft? / … una tienda de artículos fotográficos?
… ein Einkaufszentrum? / … un centro comercial?
… ein Lebensmittelgeschäft? / … un almacén?
… den Markt? / … el mercado?

ÜBERNACHTEN

Können Sie mir bitte … empfehlen? / Perdón, señor/señora/señorita. ¿Podría usted recomendarme …
… ein Hotel … / … un hotel?
… eine Pension … / … una pensión?
Ich habe ein Zimmer reserviert. / He reservado una habitación.
Haben Sie noch … / ¿Tienen ustedes …?
… ein Einzelzimmer? / … una habitación individual?
… ein Zweibettzimmer? / … una habitación doble?
… mit Dusche/Bad? / … con ducha/baño?
… für eine Nacht? / … para una noche?

... für eine Woche?	... para una semana?
... ein ruhiges Zimmer?	... una habitación tranquila?
Was kostet das Zimmer mit ...	¿Cuánto cuesta la habitación con ...
... Frühstück?	... desayuno?
... Halbpension?	... media pensión?

PRAKTISCHE INFORMATIONEN

ARZT

Können Sie mir einen guten Arzt empfehlen?	¿Puede usted indicarme un buen médico?
Ich habe hier Schmerzen.	Me duele aquí.
Ich habe ...	Tengo ...
... Kopfschmerzen.	... dolor de cabeza.
... Zahnschmerzen.	... dolor de muelas.
... Durchfall.	... diarrea.
... Fieber.	... fiebre.

POST

Was kostet ...	¿Cuánto cuesta ...
... ein Brief ...	... una carta ...
... eine Postkarte ...	... una postal ...
... nach Deutschland?	... para Alemania?
Eine Briefmarke, bitte.	Una estampilla, por favor.

ZAHLEN

0	cero	19	diecinueve
1	un, uno, una	20	veinte
2	dos	21	veintiuno, -a, veintiún
3	tres	22	veintidós
4	cuatro	30	treinta
5	cinco	40	cuarenta
6	seis	50	cincuenta
7	siete	60	sesenta
8	ocho	70	setenta
9	nueve	80	ochenta
10	diez	90	noventa
11	once	100	cien, ciento
12	doce	200	doscientos, -as
13	trece	1000	mil
14	catorce	2000	dos mil
15	quince	10000	diez mil
16	dieciséis		
17	diecisiete	1/2	medio
18	dieciocho	1/4	un cuarto

> UNTERWEGS IN COSTA RICA

Die Seiteneinteilung für den Reiseatlas finden Sie auf dem hinteren Umschlag dieses Reiseführers

REISE ATLAS

A
B
C
1
2
3
4
5
6
Escamea
Guadalupe
Peñas Blancas
San Antonio
Monte Verd
Colpachi
La Flor
El Ostional
El Tigre
La Virgen
440
La Garita
La Cruz
Refugio Nacional de Fauna Silvestre Isla Bolaños
Isla Bolaños
PLAYA POCHOTES
Puerto Soley
Santa Cecilia
Hacienda Inocentes
Brasília
Río Las Haciendas
Las Pilas
Soley
Mesas
El Hacha
Volcán Orosí 1487
PLAYA MOSTRENCAL
PLAYA CUAJINIQUIL
Golfo de Santa Elena
Río Sapoa
Santa Rita
EL Hacha
Cuajiniquil
Parque Nacional Guanacaste
Cerro Cacao 1659
Cordillera
711
Península Santa Elena
Colonia Dos Rios
Cabo Santa Elena
Islas Murciélagos
Parque Nacional Santa Rosa
PLAYAS COLORADAS
319
Hacienda Santa Rosa
Battle of Santa Rosa March 20th,1856
Potrerillos
García Flamenco
Volcán Rincón de la Vieja 1895
Volcán Sant 1916
Parque Nacional Rincón de la Vieja
PLAYA NANCITE
PLAYA NARANJO
Pital
Hacienda Rincón de la Vieja
Hacienda Los Ahogados
Cañas Dulces
Hda. Guachipelún
Golfo de Papagayo
Irigaray
Curubande
Río Tempisque
San Jorge
Limo
Colorado
Río Salto
Nacascolo
Hacienda Culebra
Cereceda
Liberia
PLAYA PANAMA
Puerto Culebra
Santa Ana
Aeropuerto Tomás Guardia
Guanac
PLAYA HERMOSA
Panamá
PLAYA DEL COCO
Guardia
Río Liberia
Hacienda San Jerónimo
PLAYA EL OCOTAL
Comunidad
Hda El Real
Punta Zapotal
El Coco
Artola
Pijije
Palmira
Zapotal
Sardinal
Paso de Tempisque
Reserva Biologica Lomas Barbudal
Hacienda Las Ciruelas
PLAYA PAN DE AZUCAR
Nuevo Colón
San Blas
Hacienda Asientillo
Potrero
PLAYA LA PENCA
PLAYA POTRERO
Cerro Guachipelín 550
Filadelfia
PLAYA FLAMINGO
PLAYA BRASILITO
Tempate
Planes
R. Las Palmas
Guinea
PLAYA CONCHAL
Brasilito
Cartagena
Santa Ana
Belén
Corralillo
Cabo Velas
Playa Real
Huacas
Ortega
Parque Nacional Marino Las Baulas
Matapalo
Salinas
Coyolito
Río Cañas
Bolsón
Zona Protectora Las Baulas
Portegolpe
Bernabela
Hda. Palo Ver
P. GRANDE
P. TAMARINDO
Villareal
Río Cañas
Talolinga
Tamarindo
Ref. Nac. de Vida Silvestre Tamarindo
Hatillo
Santa Bárbara
Rosario
Puerto Humo
Limón
Oriente
Calmito
Chirco
Guaitíl
San Lázaro
Pozo de Agua
PLAYA LANGOSTA
San José Pinilla
Cañafistula
Lagunilla
Santa Cruz
Zapote
Diría
Chira
PLAYA AVELLANA
Icacal
Cebadilla
Veintisiete de Abril
508
Chumico
Corralillo
Caballito
354
Río Diriá
Arado
San Antonio
Parque Nacional Barra Honda
Millal
Río Seco
Ceiba Mocha
San Juan
Paraíso
Bosque Nacional Diriá
Sabana Grande
Piave
Matamba
Retallano
Oriente
San Martín
Santa Ana
Nacaome
PLAYA JUNQUILLAL
Junquillal
Florida
983
Cabeceras
Nicoya
Reserva Indígena Matambú
Boca Letra
PLAYA LAGARTO
Lagarto
Bolillos
Quirimán
PLAYA MANZANILLO
Marbella
Alemania
Vista al Mar (Cenzosa)
Lajas
Dulce Nombre
Mansión
600
Palmares
Península
Caimital
Río Moro
PLAYA COCO
Cuajiniquil
Hojancha
Iguanita
PLAYA AZUL
San Juanillo
Jazminal
Guastomatal
Pilangosta
Las Huacas
Limonal
Pilas Blancas
Las Huacas
El Ostional
San Rafael
Zapotal
PLAYA OSTIONAL
de
Nosara
Río Nosara
Lajas
Monte Romo
Refugio Nacional de Vida Silvestre Ostional
Naranjalito
Maquenco
Altos de Socorro
San Ramón
Nicoya
Esperanza Sur
Terciopelo
Santa María
PLAYA NOSARA
PLAYA PELADA
10 km
Primavera
Río Ora
Cerro
Garza
Buenos Aires
San Pedro
PLAYA GUIONES
Esterones
Estrada
San Gabr
Punta Guiones
Sámara
Corazalito
PLAYA GARZA
Puerto Carrillo
SÁMARA
Bejuco

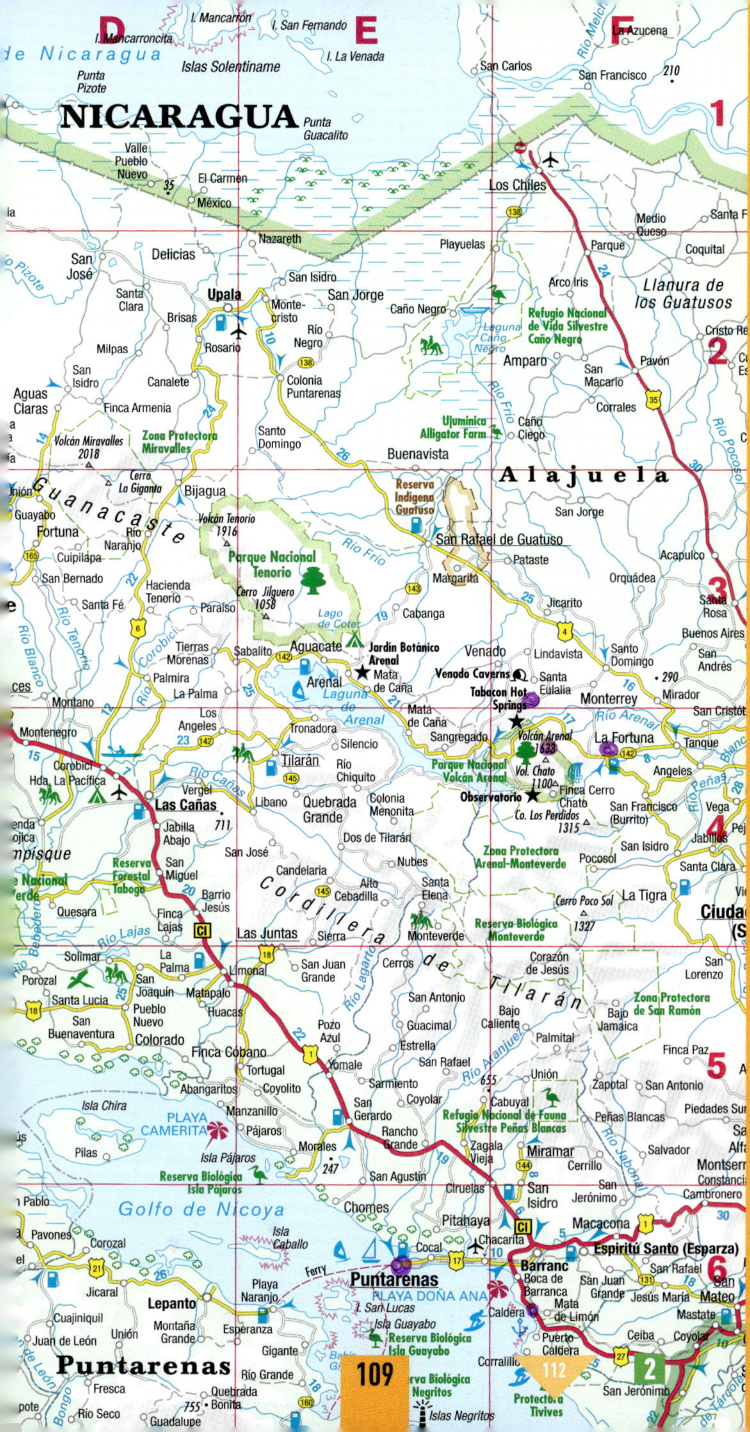

D
E
F
1
2
3
4
5
6
NICARAGUA
Lago de Nicaragua
I. Mancarron
I. Mancarroncita
I. San Fernando
I. La Venada
Islas Solentiname
Punta Pizote
Punta Guacalito
La Azucena
San Carlos
San Francisco
210
Río Melchora
Valle Pueblo Nuevo
35
El Carmen
México
Los Chiles
138
Medio Queso
Santa F
Parque
Coquital
Nazareth
Playuelas
San José
Delicias
Santa Clara
San Isidro
Upala
San Jorge
Monte-cristo
Arco Iris
Llanura de los Guatusos
Brisas
Río Negro
Caño Negro
Refugio Nacional de Vida Silvestre Caño Negro
Laguna Caño Negro
Cristo Re
Milpas
Rosario
10
Amparo
San Macario
Pavón
San Isidro
Canalete
Colonia Puntarenas
Río Frío
Corrales
35
Aguas Claras
Finca Armenia
24
Uju minica Alligator Farm
Caño Ciego
Río Pocosol
14
Volcán Miravalles 2018
Zona Protectora Miravalles
Santo Domingo
26
Buenavista
Alajuela
30
Cerro La Giganta
Bijagua
Reserva Indígena Guatuso
San Jorge
Guanacaste
Guayabo
Volcán Tenorio 1916
Fortuna
Río Naranjo
Parque Nacional Tenorio
Río Frío
San Rafael de Guatuso
Pataste
Acapulco
165
Cuipilapa
San Bernado
22
Hacienda Tenorio
Margarita
Orquídea
143
Santa Fé
Río Tenorio
Cerro Jilguero 1058
Paraíso
Lago de Cote
19
Cabanga
25
Jicarito
Santa Rosa
Río Blanco
6
Buenos Aires
Tierras Morenas
Sabalito
142
Aguacate
Jardín Botánico Arenal
Venado
Lindavista
4
Santo Domingo
San Andrés
Río Corobicí
Palmira
Arenal
Mata de Caña
Venado Caverns
Santa Eulalia
16
290
Mirador
La Palma
25
Laguna de Arenal
21
Tabacon Hot Springs
Monterrey
Montano
Los Angeles
Mata de Caña
Río Arenal
San Cristób
12
Tronadora
Sangregado
17
La Fortuna
Tanque
Montenegro
23
142
Silencio
Volcán Arenal 1633
142
8
15
Corobicí
Tilarán
Río Chiquito
Parque Nacional Volcán Arenal
Vol. Chato 1100
Angeles
Hda. La Pacífica
7
145
Río Cañas
Vergel
Libano
Colonia Menonita
Finca Cerro Chato
Río Peñas Blancas
Las Cañas
Quebrada Grande
Observatorio
San Francisco (Burrito)
Vega
28
711
Jabilla Abajo
Co. Los Perdidos 1315
4
Dos de Tilarán
Jabillos
San José
Nubes
Zona Protectora Arenal-Monteverde
Pocosol
San Isidro
Reserva Forestal Taboga
San Miguel
Candelaria
Santa Clara
Alto Cebadilla
Santa Elena
145
20
Barrio Jesús
Cordillera de Tilarán
Cerro Poco Sol 1327
La Tigra
Quesara
Finca Lajas
Río Lajas
Río Bebedero
CI
Las Juntas
Sierra
Monteverde
Reserva Biológica Monteverde
Solimar
La Palma
18
Limonal
San Juan Grande
Cerros
Corazón de Jesús
San Lorenzo
Porozal
San Joaquín
Matapalo
Río Lagarto
Santa Lucia
Pueblo Nuevo
San Antonio
Bajo Caliente
Zona Protectora de San Ramón
Bajo Jamaica
18
San Buenaventura
Huacas
Pozo Azul
Guacimal
22
Colorado
Estrella
Palmital
Finca Cóbano
1
Finca Paz
Tortugal
Yomale
San Rafael
Río Aranjuez
Abangaritos
Coyolito
Sarmiento
655
Unión
Zapotal
San Antonio
Isla Chira
Manzanillo
San Gerardo
Coyolar
Cabuyal
Piedades Sur
PLAYA CAMERITA
Pájaros
Refugio Nacional de Fauna Silvestre Peñas Blancas
Peñas Blancas
Río Jabonal
Pilas
Rancho Grande
Zagala Vieja
Miramar
Salvador
Isla Pájaros
Morales
19
144
Cerrillo
Reserva Biológica Isla Pájaros
247
San Agustín
Montserr
Constancia
Cambronero
Ciruelas
San Isidro
San Jerónimo
Golfo de Nicoya
Chomes
Pitahaya
CI
Macacona
30
Pavones
Isla Caballo
Chacarita
Espiritú Santo (Esparza)
Corozal
Cocal
10
5
17
Barranca
San Rafael
Ferry
Puntarenas
Boca de Barranca
San Juan Grande
131
Jesús María
San Mateo
21
26
PLAYA DOÑA ANA
Jicaral
Playa Naranjo
I. San Lucas
Caldera
Mata de Limón
Mastate
Lepanto
Cuajiniquil
Isla Guayabo
Reserva Biológica Isla Guayabo
Ceiba
Coyolar
Montaña Grande
Esperanza
Juan de León
Unión
Puerto Caldera
27
2
Puntarenas
Gigante
Corralillo
Río Grande
Reserva Biológica Negritos
Fresca
Quebrada Bonita
San Jerónimo
Zona Protectora Tivives
755
160
Río Seco
Guadalupe
Islas Negritos
Río Bongo

112

A
B
C
1
2
3
4
5
6
NICARAGUA
La Azucena
San Francisco
210
Río Sábalos
Río Santa Cruz
Sábalo
El Castillo de la Concepción
648
Río Indio
Caño Negro
502
Medio Queso
Santa Fé
Santa Lastenia
Parque
Coquital
Pocosol
Guaria
Llanura de los Guatusos
Conchito
Crucitas
Río San Juan
Cristo Rey
Llano Verde
339
Pavón
San Macario
Cuatro Esquinas
Concho
Corrales
Chamorro
Carmen
Río Pocosol
Río Infiernito
Ceiba
Boca San Carlos
Palo Seco
Coopevega
Patastillo
Trinidad
Paraíso
Llanura de San Carlos
San Joaquín
Betania
Río San Carlos
Tambor
Plomo
Acapulco
Boca Tapada
Orquádea
Laurel Galán
Boca Sahíno
Heredia
Santa Rosa
San Gerardo
San Marcos
Buenos Aires
Terrón Colorado
Sahíno
Pangola
Santa Delia
Las Me
Santo Domingo
San Andrés
Chambacú
Chaparrón
Río Sarapiquí
290
Santa Teresa
Ahogadas
Monterrey
Mirador
Boca de Arenal
Griega
Río Toro
Pitahaya
San Cristóbal
Caño Negro
Altamira
Bellavista
Veracruz
San Rafael
Río Arenal
La Fortuna
Tanque
Muelle San Carlos
Bijagual
Cuatro Esquinas
Pinar
Sardinal
Muelle
Selva Verde
El Gavilan
Río Aguas Zarcas
Llanos
Bajos de Chilamate
Angeles
Río Peñas Blancas
Varablanca
Josefina
Pital
Río Cuarto
Puerto
Chilamate
Estación Bi
la Selva
Cerro
Platanar
Palmera
Vuelta de Kopper
San Gerardo
Zona Protectora la Selva
San Francisco (Burrito)
Vega
Corte
Tabla
Santa Rita
La Virgen
Peje Viejo
Cariblanca
Chiles
San Isidro
Jabillos
La Marina Zoo
Ciudad Cutris
Charrizal
Pocosol
Santa Clara
Florencia
Aguas Zarcas
Venecia
San Ramón
Poco Sol
La Tigra
Vieja
Río Cuarto
Corazón de Jesús
El Plastic Lodge
327
Ciudad Quesada (San Carlos)
Colón
Parque Nacional Juan Castro Blanco
San Miguel
Waterfall Lodge
Sucre
Colonia de Toro
Angeles
Colonia Virgen del Socorro
Zona Protectora Rara Avis
Buena Vista
Volcán Porvenir 2267
Cariblanco
San Lorenzo
Río Balsa
San José de La Montaña
Cascada de la Paz
Co Cubu
Zona Protectora de San Ramón
Parque Nacional Volcán Poás
Cinchona
Parque Nacional Braulio Carrillo
Bajo Jamaica
Zapote
Tapezco
Volcán Poás 2704
Volcán Cacho Negro 2150
Laguna
Palmira
Anateri
Zarcero
Bajos del Toro
Poasito
Cordillera
Río General
Finca Paz
Guadalupe
Llano Bonito
Reserva Forestal Grecia
Varablanca
Alto Villegas
Zapotal
San Antonio
Angeles
Barranca
San Juanillo
Fraijanes
2906 Volcán Barva
Peñas Blancas
Piedades Sur
Volio
Cirrí
San Pedro
San Juan Norte
Cartagos
Río Jabonal
San Juan
Naranjo
Puebla
San Pedro de Poás
Sacramento
Salvador
Alfaro
San Ramón
Sarchí
Grecia
Charrizal
Montserrat
Puente de Piedra
San José de la Montaña
Constancia
Palmares
Santa Bárbara
San Jerónimo
Cambronero
Zaragoza
Tambor
Barva
Concepción
Santiago
Rosario
Tacares
San
Macacona
San José Norte
Alajuela
Pedro
San Rafael
San Josecito
San Isidro
Berlín
Garita
Heredia
Santo Domingo
Espiritu Santo (Esparza)
San Antonio
San Juan
San Rafael
Maderal
Atenas
Guácima
San Rafael
Pavas
San Vicente
San Juan Grande
San Mateo
Concepción
Turrúcares
Guadalupe
Jesús María
Hacienda Vieja
SAN JOSÉ
San Pedro
Mastate
Río Virilla
Santa Ana
Curridabat
Ceiba
Coyolar
Orotina
San Pablo de Turrubares
C. Colón
Escazú
Piedras Negras
Z. P. El Rodeo
Alajuelita
Desamparados
San Jerónimo
San Pedro
Desamparados
R. I. Quitirrisí
San Rafael
Barbacoas
Tabarcia
Aserrí
San Miguel
San Luis
Santiago de Puriscal
Palmichal
Tobosi
Mercedes Sur
San Isidro
Tarbaca
113

D
E
F
10 km
1
2
3
4
5
6
118
Boca del San Juan
San Juan del Norte
Punta Castilla
Mar Caribe
Juanillo
412
Delta de San Juan
Río San Juan
Boca Río Colorado
Barra del Colorado
1
Río Chirripó
Río Colorado
Refugio Nacional de Fauna Silvestre Barra del Colorado
Cerro Tortuguero
119
Boca Río Tortuguero
Turtle Research Station
Zona Protectora Tortuguero
Tortuguero
Llanura de Tortuguero
Río Suerte
Canta Gallo
Zacatales
Zapote
Encina
Palmitas
Cuatro Esquinas
Sarapiquí
Porvenír
Hacienda Suerte (Suarez)
Carolina Tica
247
Maravilla
Parque Nacional Tortuguero
334
Suerte
Millón
Tapa Viento
Campo Cinco
Cariari
Griega
Curia
Esperanza
Zancudo
Banamola
Astua Pirie
Roxana Tres
Limón
Canal de Tortuguero
Frío
Teresa
248
Río Jiménez
Parismina
21
San Antonio
Villa Franca
15
Porvenir
Rita
Roxana
Irlanda
Golden Grove
247
San Luis
San Rafael
Curva
Anita Grande
Río Jiménez
Río Parismina
Río Reventazón
Flores
Guápiles
Guácimo
Patricia
13
Jiménez
12
32
Mercedes
Peje
Carmen
Río Pacuare
Teleferico de Bosque Lluvioso
Pocora
Perla
Reserva Matina
San Alberto Nuevo
Zona Protectora Acuiferos Guácimo y Pococí
Germania
Manila
24
Herediana
Cairo
Sara
Santa Marta
Cuatro Millas
Río Toro Amarillo
San Valentín
Siquirres
Pacuarito
Florida
Batán
Matina
Punta de Riel
Reserva Forestal Cordillera Volcánica Central
Veintiocho Millas
Central
Lomas
Moravia
26
Estrada
Río Reventazón
Bajos de Bonilla
Pascua
Zona Protectora Río Pacuare
32
Linea B
Zent
Strafford
Volcán Turrialba
3329
Bonilla Arriba
Guayacán
10
Río Pacuare
Parque Nacional Volcán Irazú
Volcán Irazú
3432
Reserva Indígena Barbilla-Dantas
Río Cuba
Guayabo Arriba
Lajas
Linda Vista
Corina
Santa Cruz
Peralta
Playa Hermosa
Monumento Nacional Guayabo
Río Bl
San Juan de Chicuá
Tres Equis
Zona Protectora Barbilla
Río Chirripó
Santa Rosa
22
Pacayas
Capellades
Chitaría
Cerro Tigre
1617
Cipreses
33
Turrialba
CATIE
Cervantes
Pavones
Cabeza Buey
Asunc
Juan Viñas
10
Eslabón
111
114
Limón
San Rafael
Paraíso
Santiago
Tucurrique
La S
Bajo Pacuare
Zona Río B
Ujarrás
Cachí
1865
Atirro
Tuis
Moravia de Chirripó

109
A
B
C
1
2
3
4
5
6
Zapote
de Agua
Solimar
La Palma
Limonal
San Juan Grande
Cerros
San Antonio
Corralillo
Caballito
Puerto Moreno
Porozal
Santa Lucia
San Joaquín
Matapalo
Pueblo Nuevo
Huacas
Pozo Azul
Guacimal
Parque Nacional Barra Honda
Millal
Quebrada Honda
San Buenaventura
Colorado
Finca Cóbano
Estrella
Matamba
Nacaome
Copal
Tortugal
Yomale
San Rafael
Santa Ana
Abangaritos
Coyolito
Sarmiento
Reserva Indígena Matambú
Isla Chira
Manzanillo
Coyoyar
San Gerardo
Refugio Nacional Silvestre
Boca Letras
PLAYA CAMERITA
Pájaros
Rancho Grande
Zagala Vieja
Mansión
600
Puerto Jesús
Pilas
Morales
Río Morote
Limonal
Isla Pájaros
247
San Agustín
Ciruelas
Iguanita
Reserva Biológica Isla Pájaros
Las Huacas
San Pablo
Golfo de Nicoya
Chomes
Santa Rita
Las Huacas
Pitahaya
San Rafael
Zapotal
Carmona
Pavones
Isla Caballo
Cocal
Corozal
Monte Romo
Canjel
Altos de Socorro
San Ramón
San Rafael
1018
Cerro Azul
Ferry
Puntarenas
Santa María
Nicoya
Jicaral
Lepanto
Playa Naranjo
PLAYA DOÑA ANA
I. San Lucas
Río Ora
Cerro Azúl
Cuajiniquil
Isla Guayabo
Reserva Biológica Isla Guayabo
San Pedro
Río Juan de León
Juan de León
Unión
Montaña Grande
Esperanza
Estrada
San Gabriel
Gigante
Bahía Gigante
Corazalito
Jabillo
Puntarenas
Río Grande
Isla Cedros
Reserva Biológica Islas Negritos
Bejuco
Millal
Fresca
Quebrada Bonita
755
Punta Coral
Zapote
Islas Negritos
Río Bongo
Río Seco
Guadalupe
Paquera
Jabilla
Guaria
San Rafael
PLAYA BEJUCO
San Francisco de Coyote
Curú
Islas Tortugas
PLAYA SAN MIGUEL
Río Frío
Río Arió
Vainilla
PLAYA COYOTE
Caletas
Pochote
Refugio de Fauna Silvestre Curú
Punta Coyote
Bajos de Arío
Pachanaga
PLAYA CALETAS
Santa Fé
Tambor
PLAYA POCHOTE
Arío
PLAYA BONGO
Tacotales
PLAYA TAMBOR
Manzanillo
Cóbano
PLAYA ARÍO
Montezuma
PLAYA MANZANILLO
Santiago
PLAYA HERRADURA
PLAYA COCALITO
Malpaís
PLAYA COCAL
Cabuya
PLAYA SANTA TERESA
PLAYA MONTEZUMA
Cabo Blanco
Reserva Natural Absoluta Cabo Blanco
Isla Cabo Blanco
PLAYA BALSITAS
2 km
Isla Manuelita
Punta Agujas
Bahía
Isla del Coco
Bahía
Cabo Barreto
Parque Nacional Isla del Coco
Cerro Yglesias
634
Cerro Jesús Jiménez
430
Cabo Atrevida
Cabo Lionel
Cabo Dampier
OCÉA

D
E
F
San Lorenzo
Buena Vista
Porvenir 2267
San José de La Montaña
Cariblanco
Cascada de la Paz
Parque Nacional Volcán Poás
110
Parque Nacional Braulio Carrillo
Zona Protectora de San Ramón
Bajo Jamaica
Zapote
Tapezco
Laguna
Palmira
Zarcero
Bajos del Toro
Volcán Poás 2704
Volcán Cacho Negro 2150
Poasito
Cordillera
Río General
1
Finca Paz
Anateri
Guadalupe
Llano Bonito
Reserva Forestal Grecia
Varablanca
Alto Villegas
Zapotal
San Antonio
Angeles
San Juanillo
Fraijanes
2906 Volcán Barva
Río Barranca
Volio
Cirri
San Pedro
Cartagos
San Juan Norte
Piedades Sur
Peñas Blancas
Río Jabonal
San Juan
Naranjo
Puebla
San Pedro de Poás
Sacramento
Salvador
Alfaro
San Ramón
Sarchí
Grecia
Charrizal
San José de la Montaña
Cerrillo
Montserrat
Constancia
Palmares
Puente de Piedra
Santa Barbara
San Jerónimo
Cambronero
Zaragoza
Santiago
Rosario
Tambor
Barva
Concepción
Tacares
San Pedro
San Rafael
San Isidro
Macacona
San José Norte
Alajuela
Heredia
Santo Domingo
2
Berlín
Garita
Espiritú Santo (Esparza)
Atenas
Maderal
San Antonio
San Juan
San Rafael
San Mateo
Guácima
San Rafael
Pavas
San Vicente
Guadalupe
San Juan Grande
Jesús María
Hacienda Vieja
Concepción
Turrúcares
Santa Ana
SAN JOSÉ
Curridabat
San Pedro
Mata de Limón
Mastate
Río Virilla
Escazú
Ceiba
Coyolar
Orotina
San Pablo de Turrúbares
C. Colón
Alajuelita
Desamparados
Piedras Negras
Z. P. El Rodeo
San Pedro
Desamparaditos
San Jerónimo
San Juan de Mata
Guayabo
R. I. Quitirrisi
San Rafael
Barbacoas
Aserrí
San Miguel
San Luis
Río Grande de Tárcoles
Santiago de Puriscal
San Antonio
Tabarcia
Palmichal
Tobosi
Mercedes Sur
Jorco
Tarbaca
Cerro Turrubares 1756
Santa Marta
Floralia
San Ignacio de Acosta
Rosario
Jilgueral
Guaitil
Vuelta de Jorco
Corralillo
Carara
Candelarita
San Gabriel
Río Grande de Candelaria
Masatal
Salitrales
Reserva Biológica Carara
Túfares
Teruel
Cangrejal
Llano Bonito
Frailes
Tárcoles
Monterrey
Santa Cruz
Zona Protectora La Cangreja
Sabanillas
2506
San Andrés
Bijagual
Concepción
Reserva Indígena Zapatón
San Pablo de León Cortés
3
Quebrada Ganado
Delicias
San José
Río Tulín
San Vicente
Caspirola
San Isidro
San Gabriel
San Rafael Arriba
Herradura
Río Parrita
San Lorenzo
Gloria
San Isidro
San Carlos
Jacó
Gamalotillo
2115 Cerro San Jerónimo
Mesas
Fila Surubres
Tulín
Vista al Mar
Porvenir
San Joaquín
Pochotal
Quebrada Amarilla
Finca Rancho Nuevo
Puntarenas
San Rafael Norte
Finca La Palma
Valle de Parrita
Río Naranjo
HERMOSA
Esterillos Oeste
Julieta
4
Esterillos Este
Parrita
San Rafael
Cotos
Cerro Nara 1018
Punta Judas
Cerritos
Damas
Naranjito
Esquipulas
Ríos
PLAYA ESTERILLOS OESTE
PLAYA ESTERILLOS ESTE
PLAYA PALMA
Paquita
Londres
Quepos
Finca Bartolo
Santo Domingo
Manuel Antonio
Pastora
Parque Nacional Manuel Antonio
Savegre
PLAYAS MANUEL ANTONIO
PLAYA SAVEGRE
PLAYA MATAPALO
5
PACIFICO
10 km
6

A
B
C
111
116
1
2
3
4
5
6
10 km
Porvenir
Rita
Roxana
San Luis
Irlanda
Golden Grove
Colonia Cubujuqui
Curva
Anita Grande
Río Jiménez
Santa Clara
Guápiles
Guácimo
Patricia
Teleferico de Bosque Lluvioso
Jiménez
Mercedes
Pocora
Germania
Peje
Carmen
Perla
Zona Protectora Acuíferos Guácimo y Pococí
Carrillo
Herediana
Cairo
Siquirres
San Alberto Nuevo
Manila
Sara
Pacuarito
Bat
San Valentín
Reserva Forestal Cordillera Volcánica Central
Florida
Lomas
Moravia
Veintiocho Millas
Río Sucio
Río Toro Amarillo
Río Parismina
Río Reventazón
Río Pacuare
Central
Alto Palma
Bajos de Bonilla
Pascua
Guayacán
Zona Protectora Río Pacuare
San Josecito
Volcán Turrialba 3329
Bonilla Arriba
Linda Vista
Cascajal
Parque Nacional Volcán Irazú
Volcán Irazú 3432
Guayabo Arriba
Lajas
San Isidro
Rancho Redondo
Santa Cruz
Peralta
Playa Hermosa
San Vicente
San Juan de Chicuá
Monumento Nacional Guayabo
Tres Equis
Zona Protectora Barbilla
Llano Grande
Santa Rosa
Chitaría
San Pedro
Tierra Blanca
Pacayas
Capellades
Cerro Tigre 1617
Tres Ríos
Turrialba
CATIE
Pavones
Cabeza de Buey
Cot
Cipreses
Cervantes
Juan Viñas
Eslabón
Cartago
San Rafael
Paraíso
Santiago
Tucurrique
La Suiza
Bajo Pacuare
Tobosí
Tejar
Ujarras
Cachí
Atirro
Tuis
Platanillo
Moravia de Chirripó
San Isidro
Aguacaliente
1865
Pejibaye
Hacienda Grano de Oro
Cangreja
Loaiza
Selva
Cerro Silencio
Orosí
Muñeco
Río Macho 2205
Zona Protectora Cuenca Río Tuis 1968
Pacuare Arriba
Chirripó
San Cristobal Norte
Tapantí
Purisil
Vara de Roble
Empalme
Cartago
Santa Cruz
Parque Nacional Tapantí
Jardín
Cerro Tsuitebeta 2378
San Marcos de Tarrazú
Cañon
Trinidad
Tres de Junio
Salsipuedes
Reserva Forestal Río Macho
Río Parrita
Río Pejibaye
Río Grande de Orosí
Cordillera
Santa María de Dota
Copey
Cerro Vueltas 3156
Ojo de Agua
Río Chirripó del Atlántico
Guaria
Reserva Forestal Los Santos
Joaquín
Cerro Sakira
Villa Mills
Providencia
Cerro de la Muerte 3491
3510
Parque Nacional Chirripó
Albergue de Montaña Río Savegre
San Gerardo de Dota
Cerro División
Siberia
Alaska
Cerro Urán 3333
Cerro Nara 1018
División
Piedra
Río Blanco
Cerro Chirripó 3819
Santa Eduviges
Río Savegre
Santo Tomás
Herradura
Zona Protectora Cerro Nara
Río Chirripó al Pacífico
San Ramón Norte
Hortensia
San Gerardo de Rivas
Savegre Abajo
Río División
La Ese
El Brujo
San Ramón Sur
Quebradas
Chimirol
Santo Domingo
Río Nuevo
Rivas
Cerro Ami 3295
Viento Fresco
San Rafael Norte
Santa Rosa
San Isidro de El General
Cerro Ena 3126
Savegre
Guaria
General Viejo
Cerro Cabécar 3030
Portalón
Palma
Chiles
Cedral
Cerro San Juan 1186
Dos Bocas
Santa Elena
Esperanzas
Matapalo
Platanillo
Guabo
Rosario
Palmares
Santa María
Hatillo
Tinamastes
Repunta
Angostura
Cajón
Guaria
Río Volcán
San Lorenzo
Altamira
Angel Arriba
Barú
Platanillo
San Pedro
Dominical
San Luis
Ceibo
Juntas
Fortuna
Cordoncillo
Cambutal
Patio de Agua
Santa Ana
San Pablo
Cacao
San Rafael
Cerro Uvita 1223
Pavones
Volcán
Playa Barú
Mesas
Río General
Las Cañas
San Josecito
San Rafael
San Antonio
China Kicha
Peje
Palma
Playa Dominical
Parque Nacional Marino Ballena
Uvita
Pejibaye
Santa Cecilia
Quebrada Grande
Moctezuma
Punta Uvita
Playa Hermosa
Piñuela
Tortuga Arriba
Aguila Abajo
Valle de El General
Caracol
Danta
Pilas
Playa Uvita
Tortuga Abajo
Guagaral
Playa Ballena
Punta Mala
San Rafael
Colinas (Maíz de Boruca)
Playa Piñuela
San Buenaventura
Maíz de Boruca
Ojo de Agua
Palmar Norte
Reserva Indígena Boruca-Térraba
Cortés
Río Grande de Térraba
Palmar Sur
Olla Cero

D
E
F
1
2
3
4
5
6
Mar Caribe
Reserva Forestal Matina
Cuatro Millas
Boca Río Matina
Punta de Riel
Boca del Pantano (Swamp Mouth)
Larga Distancia
PLAYA BONITA
Puerto Limón
Shipwreck Fenix
Strafford
Búfalo
Portete
Moín
Liverpool
31
Isla Uvita
Columbus Landing September 18th, 1502
Río Blanco
Sandoval
Pueblo Nuevo
Cieneguita
Colonia Santa Rita
240
Westfalia
Petróleo
Trébol
Beverly
Río Banano
Bomba
Asunción
Aguas Zarcas
María Luisa
Bananito Norte
44
Zona Protectora Río Banano
Finca Banaga
36
Miramar
San Clemente
Aviaros del Caribe
Cerro Matama 2251
Bonifacio
PLAYA CAHUITA
Penshurst
Porvenir
Punta Cahuita
234
Río Estrella
Pandora
Guaria
Reserva Indígena Tayni
Vesta
Finca 7
Cahuita
Puerto Vargas
Parque Nacional Cahuita
Dindirí
Carbón Dos
316
12
Comadre
Cuen
Valle de la Estrella
Refugio Nacional de Vida Silvestre Gandoca-Manzanillo
Reserva Biológica Hitoy Cerere
Punta Caliente
Puerto Viejo de Talamanca
Cerro Dichibeta 1420
Valle de Las Rosas
Bribrí
8
Hotel Creek
Punta Uva
Punta Mona
Jardín Botánico Finca La Isla
Uatsi
Olivia
Manzanillo
Fields
Margarita
Río Telire
Reserva Indígena Telire
Reserva Indígena Talamanca
Shiroles
Reserva Indígena Cocles
Gandoca
Sibube
Valle de Talamanca
Sepeque
Suretka
Bratsi
Elena
32
San Miguel
Paraíso
36
Río Sixaola
California
Corama
Yorkin
San José Cabécar
Daytonia
Sixaola
Río Coén
Amubri
Katsi
Barranco
Cerro Punibeta 2435
Cerro Nimaso 1093
Kichuguecha
Bris
Namucki
Río Yorkin
Guabito
Isla Grande
Parque Internacional La Amistad
Alto Lari
Río Lari
Coriña
Sukut
Purisquí
Río Teribe
Guachalaba
1877
Cerro Utyum 3078
Río Uren
Cerro Kamúk 3549
Reserva Forestal Palo Seco
Río Teribe
2475
Reserva Indígena Ujarrás-Salitre-Cabagra
Cerro Nai 3122
Parque Internacional La Amistad
Cerro Akú 2259
Cabagra
Río Culubre
Cerro Fábegra 3336
Río Cabagra
Mosca
Brujo
Bolas
Cerro Bine 3204
PANAMÁ
246
Río General
Helechales
35
Cerro Echandi 3162
Paso Real
Guadalupe
Potrero Grande
Finca Colorado
Quijada
Naranjal
Zona Protectora Las Tablas
Ferry
237
18
Vueltas
Valle de Coto Brus
Agua Caliente
Alto Cacao
Coto Brus
Guácimo
R. Coto Brus
Santa Elena
Alturas
Jabillo
Santa Fé
Río Colón
Cerro Pando 2468
Chánguena
Santa

A
B
114
1
2
3
4
5
6
PLAYA MATAPALO
PLAYA BARÚ
PLAYA DOMINICAL
Barú
Platanillo
San Lorenzo
Dominical
San Luis
Ceibo
Juntas
San Pedro
Cambutal
Cerro Uvita
1223
Patio de Agua
Santa Ana
San Pablo
Fortuna
Cacao
Pavones
Río General
Mesas
San Antonio
China Kicha
San Josecito
San Rafael
Pejibaye
Parque Nacional Marino Ballena
Uvita
Punta Uvita
Quebrada Grande
Moctezuma
PLAYA HERMOSA
Piñuela
Tortuga Arriba
Aguila Abajo
Valle
Danta
PLAYA UVITA
Tortuga Abajo
Guagaral
PLAYA BALLENA
Punta Mala
San Rafael
San Buenaventura
PLAYA PIÑUELA
Maíz de
Ojo de Agua
PLAYA BOCA BRAVA
Cortés
Río Grande de Térraba
Camíbar
Finca
Bahía de Coronado
Valle de Diquis
Río Sierpe
Potrero
PLAYA VIOLÍN
PLAYA GANADO
Reserva Biológica Isla del Caño
Bahía Drake
Drake
Reserva Forestal Golfo Dulce
Isla del Caño
Stone Spheres
Rincón
Agujitas
Estación Biológica Marenco
Reserva Indígena Guaymí de Osa
PLAYA SAN JOSECITO
Punta San Pedrillo
San Pedrillo
Río Rincón
Parque Nacional Corcovado
Península
Río Corcovado
Punta Llorona
PLAYA LLORONA
Río Sirena
Laguna Corcovado
Los Patos
PLAYA CORCOVADO
745
Río Claro
Sirena
PLAYA SIRENA
Madrigal
Punta Salsipuedes
PLAYA MADRIGAL
OCÉANO PACIFICO
10 km

D
E
F
1
2
3
4
5
6
115
Cerro Kamuk
3549
Cerro Nai
3122
Cerro Akú
2259
Reserva Indígena
Ujarrás-Salitre-Cabagra
Parque Internacional La Amistad
Río Teribe
Cerro Fábegra
3336
Cerro Bine
3204
PANAMÁ
Cerro Echandi
3162
Zona Protectora Las Tablas
Cerro Pando
2468
Ujarras
Río Celbo
San Rafael
Cañas
Salitre
Palma
Buenos Aires
Cabagra
Platanares
Caracol
Florida
Río Cabagra
Mosca
Animas
El Brujo
Bolas
Térraba
Río General
Helechales
Bijagual
San Antonio
Paso Real
Guadalupe
Potrero Grande
Finca Colorado
Boruca
Quijada
Naranjal
Valle de Coto Brus
Ferry
Vueltas
Curré
Puerto Nuevo
Cajón
Alto Cacao
Coto Brus
R. Coto Brus
Agua Caliente
Santa Elena
Palmira
Alturas
Río Colón
Guacimo
Jabillo
Santa Fé
Paraíso
Alto Angeles
Santa Lucia
Chánguena
Pilón
Bonanza
Fila Guinea
Poma
Flor de Roble
Lucha
Mellizas
Villa Colón
Puntarenas
Santa Cecilia
San Miguel
Piedra Pintada
Río Negro
Fila
Sabanilla
Bajo Reyes
Aguas Claras
Paraíso
Venecia
Cerro Anguciana
1707
Río Limón
Limoncito
San Vito
Río Sereno
Lourdes
Sabalito
Monte Lírio
Chacarita
Reserva Indígena Guaymí de Coto Brus
Santa Clara
Linda Vista
Río Chirriquí Viejo
Caisán Arrib
Navidad
Piedras Blancas
Jardín Botánico Wilson
Copal
Mogos
Río Esquinas
Guaria
Agua Buena
Cañas Gordes
Plaza de Caisán
Cañas Gordas
Ríyito
Briceño
Refugio Nacional de Fauna Silvestre Golfito
Parque Nacional Piedras Blancas
Gamba
Kilometro 29
Campo Dos y Medio
Reserva Indígena Guaymí de Abrojos Montezuma
Río Claro
Los Planes
Dominical
PLAYA CATIVO
Bajo Mansito
Finca Nubes
Caracol
Esperanza
Corredor
Ciudad Neily
Santa Cruz
Playa Cacao
Golfito
Abrojo
Breñón
PLAYA SAN JOSECITO
Finca 58
San Fran
Coto 47
Altos San Antonio
San And
PLAYA GALLARDO
Río Corredor
Coloradito
Portón
Sandalo
Río Coto Colorado
Tigre
Pueblo Nuevo
Santa Rita
Darizana
Gomez
Puerto Jiménez
PLAYA PLATANARES
Gloria
Quebrada Grande
Zancudo
Colorado
Paso Canoas
PLAYA ZAPOTE
Sábalos
La Cuesta
Gariche
Santo Domingo
PLAYA ZANCUDO
Jobo Civil
Forestal Dulce
Río Divialá
Progreso
PLAYA TAMALES
Conte
Laurel
Buena
Finca Ojo de Agua
Puerto Pilón
Bella Luz
Bahía Pavón
Finca Cañaza
Colorado
PLAYA SOMBRERO
Nicaragua
Reserva Indígena Guaymí de Conte Burica
Esperanza
Potreros
Palo Blanco
Quebrada de Piedra
Puerto Armuelles
Península de Burica
Yerbazales
Resbalosa
Isla Burica
Punta Burica

KARTENLEGENDE

Expressway
Autobahn
Autostrada
Autopista

Highway
Fernverkehrsstraße
Strada di transito
Autovía

Important main road
Wichtige Hauptstraße
Strada di interesse regionale
Carretera general importante

Main road
Hauptstraße
Strada principale
Carretera principal

Secondary road
Nebenstraße
Strada secondaria
Carretera secundaria

Roadway • Pavement
Fahrweg • Fußweg
Strada carrozzabile • Sentiero
Calzada • Sendero

CI

Pan-American Highway
Panamericana
Strada Grande Panamericana
Carretera Interamericana

5

Distance in km • Checkpoint
Entfernung in km • Grenzübergang
Distanza in km • Stazione di controllo
Distancia en kms • Puesto de control

10

120

Road numbering: national • regional
Straßennummerierung: national • regional
Numerazione stradale: nazionale • regionale
Numeración de carreteras: nacional • regional

Railway
Eisenbahn
Ferrovia
Ferrocarril

State boundary • Province boundary
Landesgrenze • Provinzgrenze
Confine di stato • Confine di provincia
Frontera de estado • Límite provincial

Indigenous reserve
Indianerreservat
Riserva indiana
Reserva indígena

Mangrove • Yolillal palms
Mangroven • Yolillalpalmen
Mangrovia • Palma di yolillal
Manglar • Yolillal

Reef • Rocks
Riff • Felsen
Banco • Roccia
Arrecife • Rocas

Dam • Cascade
Staudamm • Wasserfall
Argine • Cascata
Muro de presa • Cascada

Int. Airport • Airfield
Int. Flughafen • Flugplatz
Aeroporto int. • Aerodromo
Aeropuerto int. • Aeródromo

Lighthouse • Golf
Leuchtturm • Golf
Faro • Golf
Faro • Golf

Excursions & tours
Ausflüge & Touren
Gite & escursioni
Excursiones & rutas

Point of interest • Archaeological site
Sehenswürdigkeit • Archäologische Stätte
Curiosità • Luogo archeologico
Curiosidad • Lugar arqueológico

Cave (submarine) • Petrol station
Höhle (unterseeisch) • Tankstelle
Grotta (sottomarina) • Stazione di rifornimento
Cueva (submarina) • Estación de servicio

Youth hostel • Water-skiing
Jugendherberge • Wasserski
Albergo per la gioventù • Sci nautico
Albergue juvenil • Esquí acuático

Int. Harbour • Yachting
Int. Hafen • Yachthafen
Porto int. • Marina
Puerto int. • Marina

Kayaking • Motor boat
Kajak • Motorboot
Kayak • Barca a motore
Káyac • Lancha de motor

Surfing • Windsurfing
Wellenreiten • Windsurfen
Aquaplano • Surfing
Surf • Windsurf

Deep sea fishing • Scuba diving
Hochseefischen • Sporttauchen
Pesca d'alto mare • Sport subacqueo
Pesca de altura • Submarinismo

Turtle protection area
Schutzzone für Meeresschildkröten
Protettorato di tartarughe marine
Zona de protección de tortugas marinas

National park (marine)
Nationalpark (marin)
Parco nazionale (marino)
Parque nacional (marino)

Nature preserve
Naturreservat
Riserva naturale
Reserva natural

Birdwatching
Vogelbeobachtung
Osservazione di uccelli
Observación de aves

Biological station/ Lodge
Biologische Forschungsstation/ Hütte
Stazione di ricerca biologica/ Capanna
Estación biológica/ Cabaña

Riding
Reiten
Equitazione
Paseos a caballo

Camping site • Beach
Campingplatz • Strand
Campeggio • Spiaggia
Camping • Playa

SAN JOSÉ

Capital city
Hauptstadt
Capitale di stato
Capital de estado

Heredia

Province capital
Provinzhauptstadt
Capoluogo di provincia
Capital de provincia

Paraíso

Canton capital
Kantonshauptstadt
Capoluogo di cantone
Capital de cantón

FÜR IHRE NÄCHSTE REISE

gibt es folgende MARCO POLO Titel:

DEUTSCHLAND
Allgäu
Amrum/Föhr
Bayerischer Wald
Berlin
Bodensee
Chiemgau/Berchtesgadener Land
Dresden/Sächsische Schweiz
Düsseldorf
Eifel
Erzgebirge/Vogtland
Franken
Frankfurt
Hamburg
Harz
Heidelberg
Köln
Lausitz/Spreewald/Zittauer Gebirge
Leipzig
Lüneburger Heide/Wendland
Mark Brandenburg
Mecklenburgische Seenplatte
Mosel
München
Nordseeküste Schleswig-Holstein
Oberbayern
Ostfriesische Inseln
Ostfriesland/Nordseeküste Niedersachsen/Helgoland
Ostseeküste Mecklenburg-Vorpommern
Ostseeküste Schleswig-Holstein
Pfalz
Potsdam
Rheingau/Wiesbaden
Rügen/Hiddensee/Stralsund
Ruhrgebiet
Sauerland
Schwäbische Alb
Schwarzwald
Stuttgart
Sylt
Thüringen
Usedom
Weimar

ÖSTERREICH | SCHWEIZ
Berner Oberland/Bern
Kärnten
Österreich
Salzburger Land
Schweiz
Steiermark
Tessin
Tirol
Wien
Zürich

FRANKREICH
Bretagne
Burgund
Côte d'Azur/Monaco
Elsass
Frankreich
Französische Atlantikküste
Korsika
Languedoc-Roussillon
Loire-Tal
Nizza/Antibes/Cannes/Monaco
Normandie
Paris
Provence

ITALIEN | MALTA
Apulien
Capri
Dolomiten
Elba/Toskanischer Archipel
Emilia-Romagna
Florenz
Gardasee
Golf von Neapel
Ischia
Italien
Italienische Adria
Italien Nord
Italien Süd
Kalabrien
Ligurien/Cinque Terre
Mailand/Lombardei
Malta/Gozo
Oberital. Seen
Piemont/Turin
Rom
Sardinien
Sizilien/Liparische Inseln
Südtirol
Toskana
Umbrien
Venedig
Venetien/Friaul

SPANIEN | PORTUGAL
Algarve
Andalusien
Barcelona
Baskenland/Bilbao
Costa Blanca
Costa Brava
Costa del Sol/Granada
Fuerteventura
Gran Canaria
Ibiza/Formentera
Jakobsweg/Spanien
La Gomera/El Hierro
Lanzarote
La Palma
Lissabon
Madeira
Madrid
Mallorca
Menorca
Portugal
Sevilla
Spanien
Teneriffa

NORDEUROPA
Bornholm
Dänemark
Finnland
Island
Kopenhagen
Norwegen
Oslo
Schweden
Stockholm
Südschweden

WESTEUROPA | BENELUX
Amsterdam
Brüssel
Dublin
Edinburgh
England
Flandern
Irland
Kanalinseln
London
Luxemburg
Niederlande
Niederländische Küste
Schottland
Südengland

OSTEUROPA
Baltikum
Budapest
Danzig
Estland
Kaliningrader Gebiet
Krakau
Lettland
Litauen/Kurische Nehrung
Masurische Seen
Moskau
Plattensee
Polen
Polnische Ostseeküste/Danzig
Prag
Riesengebirge
Russland
Slowakei
St. Petersburg
Tallinn
Tschechien
Ukraine
Ungarn
Warschau

SÜDOSTEUROPA
Bulgarien
Bulgarische Schwarzmeerküste
Kroatische Küste/Dalmatien
Kroatische Küste/Istrien/Kvarner
Montenegro
Rumänien
Slowenien

GRIECHENLAND | TÜRKEI | ZYPERN
Athen
Chalkidiki
Griechenland Festland
Griechische Inseln/Ägäis
Istanbul
Korfu
Kos
Kreta
Peloponnes
Rhodos
Samos
Santorin
Türkei
Türkische Südküste
Türkische Westküste
Zakinthos
Zypern

NORDAMERIKA
Alaska
Chicago und die Großen Seen
Florida
Hawaii
Kalifornien
Kanada
Kanada Ost
Kanada West
Las Vegas
Los Angeles
New York
San Francisco
USA
USA Neuengland/Long Island
USA Ost
USA Südstaaten/New Orleans
USA Südwest
USA West
Washington D.C.

MITTEL- UND SÜDAMERIKA
Argentinien
Brasilien
Chile
Costa Rica
Dominikanische Republik
Jamaika
Karibik/Große Antillen
Karibik/Kleine Antillen
Kuba
Mexiko
Peru/Bolivien
Venezuela
Yucatán

AFRIKA | VORDERER ORIENT
Ägypten
Djerba/Südtunesien
Dubai
Israel
Jerusalem
Jordanien
Kapstadt/Wine Lands/Garden Route
Kapverdische Inseln
Kenia
Marokko
Namibia
Qatar/Bahrain/Kuwait
Rotes Meer/Sinai
Südafrika
Tansania, Sansibar
Tunesien
Vereinigte Arabische Emirate

ASIEN
Bali/Lombok
Bangkok
China
Hongkong/Macau
Indien
Indien/Der Süden
Japan
Kambodscha
Ko Samui/Ko Phangan
Krabi/Ko Phi Phi/Ko Lanta
Malaysia
Nepal
Peking
Philippinen
Phuket
Rajasthan
Shanghai
Singapur
Sri Lanka
Thailand
Tokio
Vietnam

INDISCHER OZEAN | PAZIFIK
Australien
Malediven
Mauritius
Neuseeland
Seychellen
Südsee

REGISTER

Im Register sind alle in diesem Reiseführer erwähnten Orte, Strände, Nationalparks und Ausflugsziele sowie einige wichtige Straßen und Plätze aufgeführt. Halbfette Seitenzahlen verweisen auf den Haupteintrag.

IMPRESSUM

> SCHREIBEN SIE UNS

Liebe Leserin, lieber Leser,

wir setzen alles daran, Ihnen möglichst aktuelle Informationen mit auf die Reise zu geben. Dennoch schleichen sich manchmal Fehler ein – trotz gründlicher Recherche unserer Autoren/innen. Sie haben sicherlich Verständnis, dass der Verlag dafür keine Haftung übernehmen kann.

Wir freuen uns aber, wenn Sie uns schreiben.

Senden Sie Ihre Post an die
MARCO POLO Redaktion,
MAIRDUMONT, Postfach 3151,
73751 Ostfildern,
info@marcopolo.de

IMPRESSUM

Titelbild: Ara Macao: (Getty Images/Stone: Westmorland)
Fotos: K. Dyhr (12 u.); G. Eisenschink (27, 50, 66); Getty Images/Stone: Westmorland (1); Four Seasons Resorts Costa Rica at Peninsula Papagaya: Gordon, Robb (14 M.); ©fotolia.com: spot-shot (88 M. r.); Inmaculada: Erick Matamoros G. (13 o.); R. Irek (72); ©iStockphoto.com: Luis Alvarez (88 M. l.), Phil Berry (13 u.), David Chadwick (15 u.), Lukasz Chyrek (14 u.), dwphotos (89 u. r.), Ben Fewtrell (89 M. l.), jacus (88 u. r.), Vasiliy Koval (89 o. l.), Kyle Maass (88 o. l.), sf_foodphoto (89 M. r.); Laif: González (2 r., 3 r., 5, 34, 37, 40, 42, 44, 53, 61, 69, 70, 79), Huber (26); Mauritius: Hambach (22/23); H. Mielke (U. M., U. r., 4 r., 6/7, 11, 16/17, 21, 22, 23, 28, 29, 35, 38, 48/49, 52, 55, 74/75, 77, 83, 90/91, 95, 106/107); L. Mora (14 o.); B. Müller-Wöbcke (122); Ninon Messina (15 o.); E. Neidhardt (12 o.); Okapia: Klein & Hubert (3 l., 80); Okapia/Wildlife: Hopkins (2 l., 19); J. Poblete (45); Schapowalow: Atlantide (18); Schuster: Jacana (U. l.); White Star: Lange (4 l., 46, 56, 76, 84/85, 94), Siepmann (28/29, 30/31, 32, 62/63, 78, 92/93); M. Zegers (3 M., 8/9, 24/25, 47, 59, 64, 86, 94/95)

7., aktualisierte Auflage 2010

Chefredaktion: Michaela Lienemann (Konzept, Chefin vom Dienst), Marion Zorn (Konzept, Textchefin)
Autorin: Birgit Müller-Wöbcke; Redaktion: Nikolai Michaelis
Programmbetreuung: Silwen Randebrock; Bildredaktion: Gabriele Forst
Szene/24h: wunder media, München
Kartografie Reiseatlas: Berndtson & Berndtson GmbH, D-82256 Fürstenfeldbruck
Innengestaltung: Zum goldenen Hirschen, Hamburg; Titel/S. 1–3: Factor Product, München
Sprachführer: in Zusammenarbeit mit Ernst Klett Sprachen GmbH, Stuttgart, Redaktion PONS Wörterbücher

Printed in Germany. Gedruckt auf 100% chlorfrei gebleichtem Papier

> UNSERE AUTORIN

MARCO POLO Insiderin Birgit Müller-Wöbcke im Interview

Birgit Müller-Wöbcke ist Journalistin und Autorin und lebt im Rheingau. Ihr Lieblingsreiseziel sind die Länder Zentralamerikas.

Wann kamen Sie das erste Mal nach Costa Rica?

Während meiner Studienzeit arbeitete ich bei verschiedenen Entwicklungshilfeorganisationen in Costa Rica. Das ist jetzt über 20 Jahre her. Seitdem reise ich immer wieder in das Land, besuche Freunde von damals, schaue mir an, was sich alles verändert hat.

Was reizt Sie an Costa Rica?

Stets ist von Costa Ricas grandioser Natur die Rede, den Regenwäldern und Vulkanen, der vielfältigen Tierwelt. Sicher – das gefällt auch mir, doch absolut angetan hat es mir die Lebenseinstellung der *ticos*. Deren spezielle Art, das Leben zu leben, Gelassenheit in nahezu jeder Situation zu bewahren – phantastisch. Wunderbar ist auch die in Costa Rica aufs Schönste verwirklichte Multikulturalität – Menschen aus aller Welt haben sich hier niedergelassen und verwirklichen ihre Träume.

Sprechen Sie Spanisch?

Spanisch ist eine sehr schöne und leicht zu erlernende Sprache. Ein paar Kurse zu Hause, dann eine Sprachschule in einem spanischsprachigen Ort (bei mir waren es Kurse in Mexiko), und schon kann man auf Spanisch kommunizieren.

Wie recherchieren Sie in Costa Rica?

Meine jährliche Recherchereise startet stets in San José, nach einigen Tagen begebe ich mich mit dem Bus oder dem Leihwagen auf Tour. Da ich bereits über viele Änderungen und Neuheiten von Freunden, Hoteliers, Gastronomen informiert wurde, weiß ich in etwa, welche Objekte ich mir genauer ansehen will – Vorbereitung zu Hause ist wichtig. Zum Schluss gönne ich mir immer einen mehrtägigen Strandaufenthalt.

Was tun Sie in Ihrer Freizeit?

Als Ausgleich zur Arbeit am Schreibtisch mag ich Gartenarbeit; leider lassen unsere häufigen Reisen die Anlage eines traditionellen Gemüsegartens nicht zu, da dieser kontinuierlich gepflegt werden muss. Wo immer ich unterwegs bin: Ich schaue mir Gärten und Parkanlagen von Privatleuten an, fotografiere, erwerbe Gartenbücher und -utensilien.

Mögen Sie die costa-ricanische Küche?

Ja, mit wenigen Einschränkungen. Ich esse ungern Fleisch, am liebsten sind mir deshalb die zum Glück überall angebotenen Gemüsegerichte sowie Fisch und gegrillte Garnelen. Immer wieder freue ich mich auf *tamales,* in Bananenblättern gegarte Maisfladen. Dazu trinke ich am liebsten eine *horchata,* eine süße Mandelmilch.